Flaviu Cãlin Rus
Veronica D. Câmpian

Darstellungsformen in den Medien

Mitteldeutsche Hochschul-Schriften
Herausgeber: Otto Altendorfer, Ludwig Hilmer
Reihe C, Band 2

ISBN: 398095987-2

2. Überarbeitete Auflage 2007

Layout: Flaviu Cãlin Rus, Veronica D. Câmpian
Satz: Christian Greim
Printed in Germany

Hochschulverlag Mittweida

Hochschulverlag Mittweida
AMAG AG
Technikumplatz 3, 09648 Mittweida

Flaviu Călin Rus
Veronica D. Câmpian

Darstellungsformen in den Medien

Die MITTELDEUTSCHEN HOCHSCHUL-SCHRIFTEN erscheinen im Hochschulverlag Mittweida in folgender Struktur:

Reihe A: Fernsehen und Hörfunk, Film
Reihe B: Print und Neue Medien
Reihe C: Medienpolitik, Marketing, PR und Öffentlichkeitsarbeit
Reihe D: Medien- und Hochschulgeschichte, Medienwirtschaft
Reihe E: Kommunikationswissenschaft

JOURNALISTISCHE GATTUNGEN

Im Allgemeinen können wir über folgende Gattungen sprechen: NACHRICHT, BERICHT, INTERVIEW, REPORATGE, KOMMENTAR, LEITARTIKEL, KOLUMNE, GLOSSE.

DIE NACHRICHT

- Stellt ein neues Ereignis dar
- Ist eine Übermittlung von wichtigen Informationen

DAS INTERVIEW

- Ist eigentlich ein Gespräch
- Ein Politiker kann gezwungen sein ein Interview bei einer Pressekonferenz zu geben
- Es gibt drei Formen von Interviews:
    1. der Journalist sucht die Persönlichkeit aus, die er interviewen will
    2. die Persönlichkeit will ein Interview geben
    3. bei einer Pressekonferenz durch den Pressesprecher

!!! Man sollte niemals als einzelner Reporter zwei oder mehrere Personen auf einmal interviewen.

DIE REPORTAGE

- Hier muss man eine Situation, ein Ereignis so darstellen, dass sie/es näher an den Zuschauern herankommt
- Eine eigene, persönliche Meinung (aber nicht als Meinung dargestellt) soll man auch haben.

!!! Rundfunksendungen müssen mehr mit Metaphern arbeiten.

DIE GLOSSE

- Es ist eigentlich ein satirischer Artikel
- Mehr für die schriftliche Form erdacht

DIE KOLUMNE

- Es ist eine Darstellungsform, von einem sehr bekannten Reporter geschrieben, die in einer Zeitung erscheint
- Verschiedene positive Merkmale einer Person müssen hier geschrieben werden

DIE REZENSION

- Eine Gattung, in der über ein neues Ereignis, ein bekanntes Buch usw. geschrieben wird
- Es ist eigentlich eine Inhaltserklärung
- Muss mit einer konstruktiven Kritik gebaut werden
- Es gibt keine gleiche Rezensionen, jeder schreibt sie anders
- Der Inhalt muss durch eigene Visionen erklärt werden

DER LEITARTIKEL

- In der rumänischen Presse gibt es den so genannten „articol de fond" und den „editorial"
- Ein Leitartikel wäre eine Mischung zwischen diesen Gattungen

DAS PORTRÄT

- Es gibt mehrere Arten, z.B. das physische Porträt
- Ein Porträt, in dem Eigenartigkeiten und Fähigkeiten einer Person gezeigt werden, heisst seelisches Porträt
- Es gibt natürlich auch Formen, wo beide Porträtmöglichkeiten benützt werden

DER KOMMENTAR

- Äußerung einer persönlichen Meinung
- Meinungsbetonte, also subjektive Stilform
- Ähnelt mit einem Bericht
- Es gibt verschiedene Arten, wie z.B. politischer oder wirtschaftlicher Kommentar

DAS FEATURE

- Ist eigentlich die Extension einer Softnews (weiche Nachricht)
- Man legt nicht so viel Wert darauf – enthält mehr Unterhaltung

!!! Es gibt auch phantasiebetonte Stilformen, wie z.B. **DER ROMAN, DIE KURZGESCHICHTE** usw.

„*ABC DES JOURNALISMUS*“ von Monika Klaus (das Kapitel 7. beschäftigt sich mit allen Gattungen)

WAS BEDEUTET EINE DARSTELLUNGSFORM?

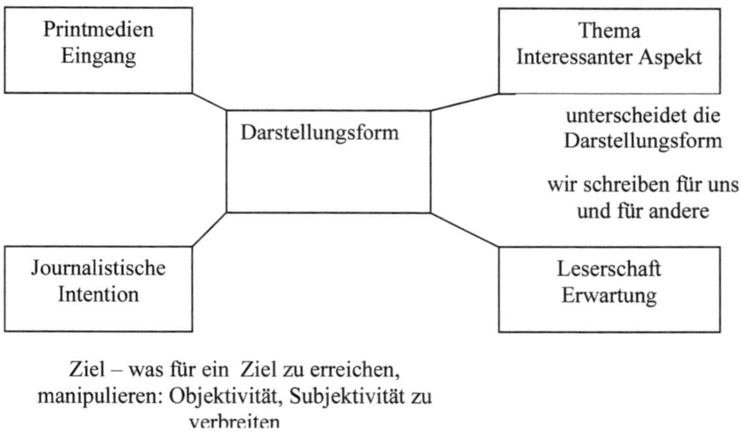

Eine Darstellungsform ist eine Gattung, die mehr in den Printmedien verwendet wird. Durch diese Gattung können wir Objektivität oder Subjektivität verbreiten.

LUDWIG REINERS SCHEMA: - Verständlichkeit des Satzes W/S

Er will das Ganze nur als Zollstab verwenden.

1. sehr leicht verständlich : bis 13 Wörter / Satz
2. leicht verständlich : 4-18 W / S
3. verständlich: 19-25 W / S
4. schwer verständlich: 25-30 W / S
5. sehr schwer verständlich: 31 W / S

AUS WIEVIELEN WÖRTERN SOLL EIN SATZ BESTEHEN?

- 5 Wörter pro Satz in der Bilderzeitung häufig. Das bedeutet die Obergrenze der optimalen Verständlichkeit. (DPA) – Deutsche Presseagentur
- 10-15 empfohlene durchschnittliche Satzlänge nach Seibike
- 16 Wörter pro Satz – durchschnittlich in deutschen Zeitungen
- 17 Wörter pro Satz – durchschnittlich in Johannes Evanghelium
- 17 Wörter pro Satz – durchschnittlich in dem Roman „Die Buddenbrocks“ von Thomas Mann
- 18 Wörter – Obergrenze der Leichtverständlichkeit nach Reiners
- 20 – Obergrenze des Erwünschten bei dpa
- 25 – Beginn der Schwerverständlichkeit nach Reiners
- 30 – Obergrenze des Erlaubten bei dpa
- 31 – Durchschnitt in „Dr. Faustus“ von Thomas Mann

JOURNALISTISCHE STILFORMEN NACH EMIL DOVIFAT

NACHRICHT: auf eine Tatsache festgelegt und knapp gehalten
BERICHT: in Fühlung mit den Tatsachen und dem Ablauf eines Ereignisses gemäß strukturiert
REPORTAGE: Erlebnisbericht mit starker persönlicher Färbung

BRUNO FREI:

BERICHT: photographische Aufnahme
REPORTAGE: Röntgenbild

ECKHART KLAUS ROLFF

REFERIERENDE TEXTGESTALTUNG: Nachricht, Bericht, Dokumentation, Statement, Pressespiele

INTERPRETIERENDE TEXTGESTALTUNG: Magazinbeitrag, Reportage, Feature, Porträt, Interview

KOMMENTIERENDE TEXTGESTALTUNG: Leitartikel, Kommentar, Glosse, Kolumne, Rezension

ALLGEMEINE EINLEITUNG DER STILFORMEN:

TATSACHENBETONTE STILFORMEN: Meldung, Nachricht, Nachrichtenbericht, Interview, Statement, Rundfrage, Interviewfrage, Reportage, Feature, Magazingeschichte, Hintergrundbericht.

MEINUNGSBETONTE STILFORMEN: Kommentar, Leitartikel, Glosse, Kolumne, Porträt, Karikatur, Rezension, Kritik.

PHANTASIEBETONTE STILFORMEN: Story, Roman, Kurzgeschichte, szenische Formen in den Medien.

1. Zeitungsbericht
2. Feature
3. Nachrichtenmagazingeschichte
4. Hintergrundbericht
5. Reportage

WAS MACHT MAN MIT DEM THEMA? (bei diesen Stilformen)

1. faktizierende Darstellung eines Ereignisses oder Sachverhaltes
2. sinnliche Darstellung eines Ereignisses oder Sachverhaltes, durch Einbezug der Handelnden
3. Erzählung von / über Handlungen mit Ursachen und Folgen für die Beteiligten

4. Beschreibung / Erklärung komplexer Sachverhalte mit den beteiligten Menschen
5. Schilderung erlebter / erfahrener Geschehnisse als Beobachter und / oder Teilnehmer

WELCHER IST DER HAUPTZWECK, DIE FUNKTION?

1. unstrittige Informationen über Neuigkeiten zu geben
2. Informationenkonkret und anschaulich zu machen
3. eine Entwicklung aufzuzeigen und einzuschätzen
4. Zusammenhänge zu erklären und zu beurteilen
5. Distanz zu überwinden und die Leser teilnehmen zu lassen

WIE LAUTEN DIE ANFORDERUNGEN?

1. Überprüfbarkeit der berichteten Sachverhalte
2. Situationen und Zusammenhänge exemplarisch zu zeigen
3. Dramaturgie als Erzählaufbau, Beurteilung mit Quintessenz
4. analytische Darlegung und vorläufig abschließende Beurteilung
5. authentische, einmalige Erlebnisbeobachtungen

ES KÖNNEN SITUATIONEN VORKOMMEN, WO MAN MISCHFORMEN VERWENDEN MUSS:

- Anfeature oder Feature als Einstieg in einem Bericht kann man verwenden. Das hat als Effekt einen szenerischen Einstieg um die Leser näher zu bringen.
- Feature und Magazingeschichte kann man durchsetzen. Das hat als Effekt Versinnlichung, „Human Touch“, Unmittelbarkeit.
- Reportage als Magazingeschichte kann man auch verwenden. Das hat als Effekt die Dramatisierung der Gesamtanschauung oder des Entwicklungbogens.
- Magazingeschichte und Reportage durchgesetzt haben als Effekt: Augenschein und Erlebnisschilderungen die dazu dienen, alles authentischer zu machen.

Kapitel I – MELDUNG, NACHRICHT UND BERICHT - INFORMIERENDE TEXTGATTUNGEN

- Beschäftigen sich mit der Informationsübermittlung, sie möchten realistisch informieren
- Sie bilden die Basis im Kanon der journalistischen Darstellungen
- Mit der Nachricht und dem Bericht erfüllen Journalisten ihre in der Landespresse dokumentierte Pflicht, in Angelegenheiten vom öffentlichen Interesse, nicht nur Stellung zu nehmen, Kritik zu üben, oder an der Meinungsbildung mitzuwirken, sondern zuerst und vor allem zu informieren
- Untergruppen – die nachrichtliche Darstellungsform unterteilt sich in vier verschiedene Untergliederungen:
    1. die Meldung
    2. die harte Nachricht „HARD NEWS“
    3. die weiche Nachricht „SOFT NEWS“
    4. der Bericht
    5. der gefietscherte Bericht

MELDUNG: *sind Kurzmitteilungen von einigen Zeilen und erhalten die notwendigsten Informationen. Im Kern besteht die Meldung aus einer Darstellung eines Sachverhaltes. Die Meldung behandelt eine weite Palette von Themen, von Politik bis zum Sozialen. Die Sprache ist knapp und die Überschriften haben eine lesewerbende Funktion.*

Wir unterscheiden drei Arten von Meldungen:

- die Meldung als Mitteilung
- die Meldung als Ankündigung
- die Meldung als Feststellung

NACHRICHT *(19. Jhd.): ist eine mündliche oder schriftliche Bekanntmachung einer in der Ferne gesehenen Sache, für eine Zeitung geschrieben.*

NACHRICHT *(heutzutage): ist eine objektive Mitteilung eines allgemein interessierenden, aktuellen Sachverhaltes, in einem bestimmten formalen Aufbau und in einer bestimmten Sprache.*

- Die wichtigste Eigenartigkeit einer Nachricht ist die ***OBJEKTIVITÄT***.
- Eine Nachricht informiert den Leser durch die unkommentierte Wiedergabe der Sachverhalte – seien es nur Handlungen oder Aussagen –, die vom Journalisten entweder selbst ermittelt worden sind, oder aus verlässlichen Quellen bezogen worden sind.
- Absolute Objektivität ist nicht erreichbar, da jede journalistische Faktenübermittlung von Redaktion zu Redaktion durch unterschiedliche Auswahlkriterien, Thema, Länge, Placierung geprägt ist. Nicht desto trotz, besteht die journalistische Aufgabe in der neutralen, unparteilichen Wiedergabe der Sachverhalte. Dies entspricht der säuberlichen Trennung von Nachricht und Kommentar und damit einem Prinzip, das den West – und Osteuropäischen Zeitungsherausgebern von den Anglo-Amerikanischen Kontrollbehörden, nach der sogenannten Revolution, auferlegt worden ist.
- Die Leser sollen sich aus objektiven Darstellungen ein eigenes Bild der Ereignisse machen können. Anbei ist es dem Journalisten unbenommen seine Meinung allerdings erkennbar, von der Nachricht abgesetzt, zu sagen.

ALLGEMEIN INTERESSIERENDE FAKTEN:

- Wegen der Vielzahl der Leser – oder der Zuschauerinteressen ist es möglich ausschließlich auf solche Fakten zu referieren, die auf allgemeines Informationsbedürfnis stoßen. Deshalb bemühen sich Journalisten eine Nachrichtenwahl anzubieten, die möglichst viele Informationen bietet.
- Wichtige Nachrichtenfaktoren sind dabei, unter anderem, das Außergewöhnliche, das Unterwartete, der Konflikt, die Konsequenzen für die Mehrzahl, die Nähe des Ereignisses, die Prominenz der Handelnden und die Gefühle der Leser, der Zuschauer oder der Zuhörer. Je mehr

solche Faktoren eine Nachricht in sich vereinigt, desto höher ist ihr Stellenswert.

- Die zweitwichtigste Eigenartigkeit einer Nachricht ist die ***AKTUALITÄT***.
- Eine Nachricht ist dann aktuell, wenn sich der in ihr referierte Sachverhalt soeben ereignet hat, oder aber wenn es sich in der Vergangenheit abgespielt hat, bisher aber weder zur Kenntnis der Redaktion, noch zur Kenntnis der Leser gekommen ist.
- Der Faktor Aktualität wird von der Landespresse gesetzt, hoch eingestuft, im Interesse schneller Informationen, aber auch als Wettbewerbsfaktor. Dafür jedoch werden andere Faktoren nicht geopfert: das Bemühen um die Wahrheit und Richtigkeit, so wie der Schutz der berechtigten Interessen von Betroffenen.

FORMALER AUFBAU

- Früher folgte der Aufbau der Nachricht den chronologischen Ablauf der Ereignisse. Nach dem Zweiten Weltkrieg übernehmen die westlichen Tageszeitungen das angel-sächsische Element der sogenannten Climax First Form nach dem Prinzip: das Wichtigste zuerst, der sogenannten Nachrichtenkernlead.
- Das Ergebnis eines Geschehens (Ausgang einer Abstimmung, Opfer eines Unfalls), erst danach fogt der Nachrichtenbody (Hergang, Detais, Zusatzinformationen).
- Dieser Aufbau ist zwar Stereotyp, er ermöglicht einen raschen Überblick.
- Der Titel muss einiges über die Nachricht erzählen.
- Die Nachricht sollte im Lead (Einstieg) die Fragen nach den verschiedenen W´s beantworten. (Wer? Wann? Wie? Was? Wo? Warum?)

QUELLEN

Für den Anfang des Einstiegs bieten sich 4 Versionen an:

1. der W - Einstieg: Beantwortung einer W-Frage
2. der Z - Einstieg: Zitat
3. der F - Einstieg: Frage
4. der A - Einstieg: Aufmerksamkeit
5. der Bei - Einstieg

F. und A. Einstieg können wertend sein. Dann sind sie eine unzulässige Kommentierung.

SPRACHE UND NACHRICHT

- Die Sprache ist das sachlich neutrale Schriftdeutsch, ohne unverständliche Fremdwörter (Fachbegriffe, Abkürzungen)
- Wörter, die eine Affektivität ausdrücken, wie z.B. kommentierende Wörter, sind nicht zugelassen
- GRAMMATIK:
    - Der erste Satz im Perfekt – wenn es über eine vergangene Nachricht geht
    - Indirekte Rede – Konjunktiv 1. Präsens
    - Die Vorvergangenheit eines im Imperfekt (Präteritum) erzählten Ereignisses – Plusquamperfekt

DIE SOFTNEWS

- Die nicht todernste Mitteilung eines kuriosen oder lustigen Sachverhaltes, in einem lockeren, formalen Aufbau und in einer leichten feuilletonischen Sprache.
- z.B. Nachricht im Infotament

- Unterschiede zur Hardnews: der Zwang zur Objektivierung fällt weg; Form und Sprache passen sich dem Ereignis an; der Aufbau unterteilt sich in drei Phasen:
    1. anonymer Einstieg mit Zitat
    2. chronologische Erzählung des Vorfalls
    3. Ausstieg mit einer Pointe

DER BERICHT: *Die natürlich umfangreiche Erweiterung einer Nachricht, zu einer weiteren kausalitätsschaffenden Darstellung. Der Aufbau ist komplexer und vielfältiger als bei der Nachricht* .
Was die Gliederung betrifft, besteht die Meldung aus: der Texteröffnung, dem Hauptteil und dem Textschluss.
In den Zitaten und Aussagen haben die Zusatz - und Hintergrundinformationen ihren Platz. Es gelten auch alle Kriterien der Nachricht. (besonders die, der Softnews)

GEFIETSCHERTER BERICHT:

- ähnelt in der Sprache und Aufbau der Softnews
- referiert minderbedeutsame Ereignisse sprachlich und formal
- verbindet die Darstellung der Fakten mit der Wiedergabe von Stimmung und Atmosphäre
- anstelle der harten Climax First Form herrscht lockere Erzählung
- Climax First Form – Verwendung der umgekehrten Pyramide

Einige Beispiele:

1. Japan: Starkes Erdbeben erschüttert die Insel Hokkaido

Ein Erdbeben der Stärke sieben, dessen Epizentrum sich in rund 50 Kilometern Tiefe befand, hat die nordjapanische Insel Hokkaido erschüttert. Bereits vor sieben Tagen hatte ein noch kräftigeres Beben das Gebiet mit seismischen Wellen der Stärke 7,1 heimgesucht.Es wird nun mit der Entstehung eines Seebebens, Tsunami, gerechnet.

(Stern: 6.12.2004)

2. Hiroschima und Deutschland gedenken der Atombombenopfer

Hiroschima (dpa) - Gedenken an die Opfer des ersten Atombombenabwurfs: Im japanischen Hiroschima versammelten sich etwa 55 000 Menschen und forderten die Abschaffung aller Atomwaffen. Auch in Deutschland gab es Veranstaltungen zum 60. Jahrestag der Atombombenabwürfe. Vielerorts wurden Kerzen entzündet und Gedenkgottesdienste abgehalten. In Berlin starteten 40 deutsche Friedensgruppen eine Unterschriftenaktion zur nuklearen Abrüstung.
(dpa: 6.08.2005)

3. SPD-Politiker sehen Medienvielfalt gefährdet

SPD-Politiker haben sich besorgt über die geplante Übernahme der privaten TV-Sendergrupe ProSiebenSat.1 durch den Springer-Verlag geäußert. Der stellvertretende SPD-Fraktionsvorsitzende Ludwig Stiegler sprach von einer bedenklichen Konzentration von Meinungsmacht in einem konservativen Verlagshaus. Auch seine Fraktionskollegin Monika Griefahn erklärte, sie sehe die Medienvielfalt in Deutschland gefährdet. Die Vorsitzende des Bundestagsausschusses für Kultur und Medien forderte deshalb eine stärkere Kontrolle der privaten Sender. Es dürfe nicht sein, dass es künftig mit Springer und Bertelsmann nur noch zwei große private Medienkonzerne in Deutschland gebe, so

Griefahn. Springer hatte am Freitag bekannt gegeben, ProSiebenSat.1 für rund 4,15 Milliarden Euro zu übernehmen. Die Unionspartei begrüßt den Schritt.
(Deutsche Welle 6.08.2005)

4. 'Discovery' koppelt von Raumstation ISS ab

Die Besatzung der US-Raumfähre 'Discovery' hat letzte Vorbereitungen für die Rückkehr des Space Shuttles zur Erde getroffen. Die Fähre mit ihren sieben Besatzungsmitgliedern koppelte planmäßig von der Internationalen Raumstation ISS ab. Die Landung in Florida ist für Montag geplant. - Die US-Raumfahrtbehörde NASA hatte entschieden, dass keine weiteren Reparaturen am Hitzeschutzschild der 'Discovery' notwendig sind. Zuletzt hatte der NASA eine gerissene Isolierdecke unterhalb eines Cockpit-Fensters Sorgen bereitet. Tests ergaben jedoch, dass die Beschädigung beim Wiedereintritt der Fähre in die Erdatmosphäre keine ernsthaften Probleme verursachen dürfte.
(Deutsche Welle 6.08.2005)

5. Wettlauf mit der Zeit bei U-Boot-Rettung

Die Rettungsaktion für die in einem russischen U-Boot eingeschlossenen Seeleute wird immer mehr zum Wettlauf gegen die Zeit. Wie die Marineführung mitteilte, reicht die Atemluft für die sieben Besatzungsmitglieder voraussichtlich nur noch bis Sonntag. Um bei der Bergung zu helfen, brachten die USA und Großbritannien Spezialgerät auf die sibirische Halbinsel Kamtschatka, vor deren Küste das U-Boot in 190 Meter Tiefe auf Grund liegt. Ein erster Bergungsversuch war in der Nacht zum Samstag gescheitert. Das U-Boot soll sich in einem auf dem Meeresboden installierten Antennensystem verhakt haben.
(Deutsche Welle 6.08.2005)

Fragen:

1. Sind folgende Nachrichten „hard news“ oder „soft news“? Argumentieren sie.
2. Wie ist der Aufbau der jeweiligen Nachricht?
3. Wählen sie sich eine Nachricht aus und schreiben sie daraus einen Bericht.
4. Wählen sie sich eine Nachricht aus und schreiben sie daraus einen Kommentar.
5. Wählen sie sich eine Nachricht aus und schreiben sie daraus eine Meldung.
6. Wählen sie sich eine Nachricht aus und schreiben sie sie so um, dass sie drei verschiedene Einstiege verwenden.
7. Je nach Thema schreiben sie dazu harte oder weiche Nachrichten. Achten sie auf alle Elemente der Gliederung: „Geiselnahme in der Schule“, „Zugunglück in einer Großstadt“, „Unerwarteter Wahlsieg der Opposition“, „Hurrikan tobt über die USA“.

Kapitel II - DAS INTERVIEW

Als Recherche fließen Informationen in einem Bericht, einer Reportage oder einem Kommentar ein.

Als Darstellungsform – nicht nur Informationen – sondern auch der Entstehungsprozess der Informationen wird dem Leser mitgeteilt.

Definition: **KREATIV- INTERVIEWING**

Das Interview ist ein Austausch von Informationen um einen höheren Grad an Einsicht und Verständnis beim Leser zu erreichen, als ihn einer der beiden Gesprächspartner allein vermitteln könnte.

ZIEL: Das Interview als Darstellungsform hat zwei große Ziele zu erreichen:

- Informationswert
- Unterhaltungswert

Der Journalist sucht beim Gesprächspartner nach neuen Ideen, neuen Standpunkten zu einem Thema, oder nach dem Kern seiner Persönlichkeit.

FORMEN:

1. Interview zur Sache: hier sprechen wir über sachliche Informationen, die vermittelt sein müssen.
2. Meinungsinterview: über die Sicht des Befragten – seine Bewertung eines Vorgangs, einer Situation steht in Mittelpunkt. Der Befragte kann Teilnehmer oder Beobachter sein.

Indem er Beobachter ist, kann er über ein Geschehnis, das in seiner Nähe geschieht, oder über eine allgemeine Situation, Informationen vermitteln.

ROLLENVERSTÄNDNIS: der Journalist stellt stellvertretend für den Leser dessen Fragen. Er ist im Dreieckverhältnis der Mittlere, nicht die Hauptperson. Im Mittelpunkt steht der Befragte. Allerdings lenkt der Interviewer das Frage-Antwort Spiel, in die von ihm gewollte Richtung. Er stimuliert den Gesprächspartner und bremst ihn im entscheidenden Augenblick.

ZEITPUNKT: man kann ein Interview aus aktuellen Anlässen machen, um Zeit, um neue Informationen anzu stoßen. Ein Interview kann man auch über vergangene Tatsachen machen, über die Zukunft sollte man aber nicht. (das ist schon subjektiv)

INTERVIEWPARTNER:

Bei dem Interview zur Sache: generell Fachleute, auch die Sparche soll fachlich sein.

Bei dem Meinungsinterview: generell sind die Gesprächspartner, Leute die nicht hinter der Sache stecken.

Bei dem Interview zur Person: Persönlichkeiten.

INTERVIEWMÖGLICHKEITEN:

1. das vereinbarte Interview – erfordert manchmal Geduld, Überzeugungskraft und taktisches Geschick (nicht allen gefällt es nach einem Interview gebeten zu werden)
2. das vermittelte Interview – über Drittkontakte
3. das geschenkte Interview – dabei muß der Journalist vorsichtig sein, es ist eine Interviewart, die nicht empfohlen ist.

ZEHN SCHRITTE ZUR VERÖFFENTLICHUNG

1. **Zielsetzung**: bedeutet, sich über die Zielsetzung klar zu entscheiden
    - Perspektiven, die verdeutlicht werden
    - Gesprächspartner, die dafür in Frage kommen

2. **Aktuelle Kurzvorbereitung:**
    - Überblick über das neueste Argument Materiall zu beschaffen
    - Die Zeitung der vergangenen Tage durchzublättern (auch Tv und Radio)
    - Mit Kollegen ein paar Worte zum Thema wechseln

3. **Interview festsetzen**

- Am Telefon oder per Fax das Thema darlegen
- Bei brisanten Themen zahlt es sich auch das Blatt von seiner besten Seite vorzustellen
- Freundlichkeit an dem Tag zu legen
- Niemand ist gezwungen ein Interview zu geben
- Nur Themenbereiche vereinbaren, keine Fragen
- Dem Gesprächspartner in der Regel ein Heimspiel gewehren
- Kein Interview in der Redaktion machen, nur wenn der Interviewte das unbedingt wünscht
- Arrangieren sie ein Termin unter vier Augen, kein Gruppengespräch

4. **Vorbereitung:**

- Wer laue Fragen stellt, erhält laue Antworten
- Der Journalist sollte so gut vorbereitet sein, wie der Gegenübersitzende
- Thematische Vorbereitung: - Hintergrundinformationen vom Archiv
  - Telefongespräche mit Fachleuten, das Thema aus verschiedenen Positionen und Perspektiven kennenzulernen
- Gespräche mit den Kollegen vertiefen
- Blick auf Bilanzen oder Vereinbroschüren werfen
- Zitate überprüfen
- Im Bildarchiv ein Photo aussuchen, oder mit dem Photographen sprechen
- Vorbereitungen zur Person: ein Blick ins ressorteigene Personenarchiv werfen: Who is who?
- Wissenswert sind Titel, Funktionen, Veröffentlichungen, interessante Aussprüche von ihm oder von ihr

5. **Planung:**

- Überlegen, welche Abfolge von Fragen erlaubt die beste Interviewstrategie um mein Ziel zu erreichen
- Alle Fragen, die während der Vorbereitung auftauchen, unfiltriert auf Papier setzen
- Erst nach Abschluß dieses Brainstormings zuordnen
- Leitfaden, die einen Aspekt eröffnen, sowie ergänzende Zusatzfragen stellen
- Gedanklich den Gesprächsverlauf antizipieren
- Der Journalist muß praktisch ein Interview mit sich selbst machen

6. **Handwerkzeugvorbereiten:**

- Um sich ganz auf das Gespräch konzentrieren zu können, sollte man ein Tonbandgerät verwenden
- Dazu muß man das Gerät überprüfen: neue Baterien einlegen, eine Sprechprobe machen, zusätzliche Kasetten und Baterien bei sich haben
- Das Tonband kann ein Beweismittel sein, trotzdem sollte man auch einen Kugelschreiber haben um alles Mögliche aufschreiben zu können
- Handschriftliche Notizen erleuchtern später die Analyse, Interpretation, Bearbeitung
- Aus datenschutzrechtlichen Gründen stets darauf hinweisen, dass während des Gesprächs ein Tonband mitläuft

7. **Auftreten:**

- Das Treffen mit dem Partner: Kleider machen Leute, selbstsicheres Auftreten, freundlich sein
- Beim Smalltalk muß das Eis gebrochen werden
- Das Gespräch sollte in einer entspannten Atmosphäre ablaufen
- Sitzposition: der Journalist muß alle Personen, die im Raum sind sitzen, im Blickfeld haben

- Das Interview: ein letzter Bandtest, von jetzt an sitzt der Journalist an der Gangschaltung, beschleunigt oder verlangsamert
- Das Konzept darf nicht abgespult werden
- Wichtig ist, dass man gut zuhört und flexibel reagiert
- Man muß auch beachten, ob die Fragen beantwortet werden, was die Gestik und die Mimik verraten
- Am Ende muß man die Aufnahme überprüfen, eventuell den Partner um Dokumente bitten
- Den weiteren Gang der Sachen bis zur Veröffentlichung besprechen

8. **Bearbeitung des Interviews**
   - Möglichst sofort am Computer zu gehen, solange die Eindrücke noch frisch sind
   - Das Band selbst abhören – so kann man Fehler vermeiden
   - Das Redigieren darf nicht sinnerstellend sein
   - Wiederholungen und Nebensätze zu streichen ist die einfachste Methode
   - Manchmal lassen sich Antworten zusammenfassen, so dass auf einer Frage verzichtet werden kann
   - Für sprachliche Kosmetik sind die Gesprächspartner in der Regel dankbar

9. **Autorization des Interviews:**
   - Kein Recht auf Revision, zunehmend jedoch ein ungeschriebenes Recht auf Autorization
   - Man sollte vor dem Beginn des Interviews darauf hinweisen, dass es sich dabei um eine Feinabstimmung handelt
   - Notfalls muß auch auf eine Veröffentlichung verzichtet werden, wenn der Gesprächspartner Korrekturen diktieren will
   - Die Nachrichten – bzw. Agenturenfassung geht den Gesprächspartner nicht an

10. **Veröffentlichung des Interviews:**

- Ein gelungenes Interview muß man auf der ersten Seite plazieren, wenn der Informationswert dies rechtfertigt
- Presentation: - Vorsicht vor Bleiwüsten
    - als graphische Elemente bieten sich Fettdruck, Kursivschrift und Zwischenseiten an
- Photo: beim Interview zur Person sind sie häufig notwendig, auch beim Interview zur Sache; bei sehr wichtigen Interviews: der Journalist mit ins Bild

FRAGESTRATEGIE

Die Fragen sollen präzise und kurz sein und keinesfalls länger als die Antworten. Notwendig ist der Wechsel zwischen den unterschiedlichen Fragestrategien (eine breite Palette von Fragen verwenden).

Arten von Fragen:

1. geschlossene Fragen
2. offene Fragen (Wer? Was? Wann? Wo? Wie?)
3. Alternativfragen (so oder anders?)
4. Stichwortfragen (Wie soll das aussehen?)
5. Informationsfragen (Wann wird das gemacht?)
6. Begründungsfragen (Warum haben sie sich dafür entschieden?)
7. Erlebnisfragen (Haben sie das damals selbst erlebt?)
8. konkretisierende Fragen (Was heißt das konkret? Geben sie ein Beispiel)
9. Suggestivfragen (Sie stimmen zu, dass es falsch war?)
10. nachhackende Fragen (Was macht sie so sicher?)

DAS INTERVIEW

Das Interview als Befragung ist eine Technik der Meinung und der Informationsbeschaffung, die von den Kriminalisten, Ethnologen und Sozialwissenschaftler verwendet wurde. Es war erstens eine Form der Vernehmung, Befragung oder Abklärung. Erst im 19. Jahrhundert kam es um die journalistische Form des Interviews, der sogenannten STRAW-TALLS (Probeabstimmung). Die Psychoanalyse entwickelte diese Befragungsform und verwendete sie, um andere Zwecke zu erfüllen. Man kann behaupten, dass alle diese Darstellungsformen, die als Grundbasis die Befragung haben, in enger Beziehung zu der heutigen journalistischen Darstellungsform stehen, nur , dass jede von diesen verschiedenen Arten, obwohl sie als Hauptziel die Informationsbeschaffung haben, auch eigenartige Zwecke zu erfüllen haben.

DAS KRIMINALISTISCHE INTERVIEW, DIE VERNEHMUNG

Die älteste Form, die auch den häßlichsten Namen trägt, ist das Verhör. Heutzutage darf man nur noch von der Vernehmung sprechen, weil die Menschenwürdigkeit und die Menschenrechte respektiert sein müssen, wenigstens so klingt das in der Theorie: die persönliche Intergrität muß in Acht genommen werden. Da stellt sich die Frage: „Geschieht dasselbe auch in der Wirklichkeit?“ Selbstverständlich gibt es Situationen in denen, diejenigen die die Macht in den Händen haben, diese Macht als Einfluß verwenden und in diesen Fällen gehen leider Theorie und Praxis zwei verschiedene Wege. In solch einer Situation kann man sich sehr gut ein Klischee aus einer Krimiserie vorstellen, wo der Ausgefragte ermüdet auf einem Stuhl und der Kriminalbeamte gegenüber an einem Tisch sitzen. Man kann das Ganze als ein Rollenspiel mit zwei Teilnehmern betrachten, der Fragende und der Befragte. In diesem Spiel hat der Fragende das Recht auf seiner Seite. Zwischen den beiden gibt es kein Gespräch, wie zwischen zwei Partner, sondern der Befragte verwandelt sich durch dieses Spiel in ein Objekt, oder Opfer, sehr selten sprechen die Befragten frei. Der Fragende muß sie unter Druck setzen und sie verunsichern, er muß ein Speech auf verschiedene Art und Weise vervielfältigen, bis er die gewünschte Information kriegt. Der Fragende baut auch seinen eigenen Plan, indem er nicht nur auf einen klaren Informationsziel, sondern auch auf bestimmte Aussagen Wert legt. Nach diesem Gesprächsplan verwendet der Fragende bestimmte gezielte Fragen, damit er unklare Punkte klar macht, um weiter auf einen sicheren Weg zu treten. Um sein Ziel zu erreichen und um alle Informationen, alle Aussagen zu erhalten, benötigt der Fragende eine verbale und non-verbale Fragentechnik. Diese Technik muß so verwendet werden, dass der Fragende immer wieder die Menschenrechte in Betracht nehmen kann. Auf diesem Weg der Informationserwerbung gibt es mehrere Möglichkeiten und Strategien:

Als erste sollten wir die **ÜBERRUPELUNGSSTRATEGIE** in Betracht nehmen. In diesem Fall setzt der Beamte zu Beginn der Vernehmung das von ihm erwünschte Ergebnis voraus und beschuldigt den Beklagten ohne zu zweifeln. An der allgemeinen Haltung des Beamten muß der Befragte erkennen, dass dieser von seiner Schuld überzeugt ist. Alles muß so aussehen, als ob die Tat schon nachgewiesen wäre. Als Hilfe und als Beweisstück in seiner Strategie, bringt der Beamte manche Details oder Zeugen, die in Verbindung zu der Tat stehen. Das Überrupelungsmodell hat auch einen psychologischen Impakt auf die angeklagte Person und diese überraschende Konfrontation hat die Aufgabe, die Abwehrstrategie des Angeklagten zu zerstören. Dieser Schock sollte dem Angeklagten klar machen, dass sein Widerstand gegenüber dem Beamten nutzlos ist. Die Verwendung dieser Strategie gibt dem Beamten den Vorteil über den Angeklagten, dass dieser überhaupt keine Zeit mehr hat, sein Abwehrsystem zu bauen. In diesem Fall müssen auch die Beweismitteln so stark gebaut sein, dass auch ein Versuch die Abwehr zu leisten, sinnlos sein soll. Nachher, im Fortgang der Vernehmung, müssen sich die Aussagen an den Geheimnissen nähern, bis alles klar bewiesen sein kann. Es sind Fälle wo diese Strategie nicht wirksam ist, so dass der Beamte andere Strategien verwenden muß.

Zweitens, die sogenannte **SONDIERUNGSSTRATEGIE:** diese Strategie gilt als Regeltyp in der Kriminalistik. Erstens werden die Aussagen die, die Person betreffen, aufgenommen und erst nachher kommt man eigentlich zum Thema der Vernehmung. Der Fragende hat in diesem Fall eine andere Rolle. Er muß das Gespräch in so eine Richtung und Form lenken, dass der Befragte delailiert und chronologisch den Ablauf der Taten äußert. Die gezielten Fragen des Beamten müssen immer wieder neue Angaben zur Situation bringen. Manchmal werden die Antworten des Angeklagten als Vorhaltungen von dem Beamten formuliert. Diese Methode, die von den Kriminalisten als VORHALTE genannt ist, verwendet man, damit sämtliche Widersprüche beseitigt sein können. Durch diese Strategie erzeugt man einen Druck, der dazu führen soll, dass der Angeklagte gezwungen ist, neue Punkte oder Aspekte der Tatsachen zu erörtern.

Die **ZERMÜRBUNGSSTRATEGIE**: diese Strategie kommt auf den Angeklagten wie eine Ermüdungsmethode zu. Durch diese Methode werden immer wider gesprochene Sachverhalte angegriffen. Von Zeit zu Zeit wird durch diese Fragen der Gegenstandbereich verbreitet. Es werden mit der angeklagten Person auch andere Mitglieder der Familie, Freunde oder Bekannte in Betracht genommen. Man wiederholt ein Thema bis man auch die kleinsten, einzelnen Aspekte erörtert hat. Mit dieser Methode bohrt man in die Tiefe, wo die scheinbar unwichtigen Einzelheiten sehr nützlich für die Aufklärung einer Tatsache sein können. In Frankreich wird meistens die sogenannte Kreuzfeuer-, oder Zick-Zack-Methode verwendet, wo zwei Beamte die angeklagte Person mit Fragen in einem Kreuzfeuer nehmen. Zweck dieser Methode ist die Verunsicherung der angeklagten Person, so dass nach einiger Zeit diese nur noch der Wirklichkeit entsprechend antworten kann. Sie wird alles sagen, ohne etwas zu verheimlichen.

Diese drei Strategien sind sehr nützlich und vermeiden die Chancen des Angeklagten seine eigene, falsche Variante zu äußern. Sehr wichtig ist auch der Anfang einer solchen Vernehmung. Man hat festgestellt, dass 90-95% der Fällen, ein ruhiger, sachlicher Ton eine gute Arbeit hinter sich trägt. Es darf niemals einen Rollentausch zwischen den Beamten und den Angeklagten geben. Der Beamte wird immer das Gespräch leiten müssen, um die Kontrolle zu haben. Frauen, Kinder und Psychopaten können leicht beeinflußt werden, darum muß man in solchen Situationen gut achten und cool bleiben. Verbales und non-verbales Verhalten des Beamten steigern oder verminden die Glaubwürdigkeit der Vernehmung. Der Fragende darf nicht durchschaubar sein, er muß immer an der Sache heranbohren, bis er die erwünschten Informationen erhält. Der Beamte sollte eine Brücke zwischen sachlichen und emotionallen Aspekten bauen, aber diese Brücke nur in bestimmten Situationen überqueren. Das Vertrauen ist ein anderes Parameter, das wir umbedingt in Betracht nehmen müssen. Auf die emotionelle Ebene kann man mit dem Angeklagten dann ankommen, wenn man das Gespräch in so einer Situation lenkt, dass solche Personen erscheinen, die für ihn wichtig sind: z.B. Mitglieder der Familie. Solche Fälle haben als Ziel, den Wert der Informationen zu steigern.

Schließlich muß sie Vernehmung nicht eine sehr lange Zeitperiode dauern, denn das vermindert die Fähigkeiten des Beamten, ermüdet ihn und so können sich Fehler in seinem Plan hineinmischen.

DAS INTERVIEW ALS TEST

Sehr gestiegene Verwendungsquoten hatten diese klinischen Tests in den 70er Jahren. Seitdem wurden sie ständig verbessert und in verschiedene Fachrichtungen eingesetzt. Man hat z.B. für die Intelligenz festgestellt, dass nur ein einziger Teil nicht dafür reicht, um allen einen realen Profil des IQs auszuwerten und zu verdeutlichen. Um diese Quote der Validität und Fidelität zu steigern, muß man unbedingt eine Baterie von Testen verwenden. Wenn wir z.B. die Intelligenz der Menschen messen möchten, müssen wir mehrere, diese Fähigkeiten messenden Tests verwenden. Jeder Test ist für seinen Teil in einer globalen Auswertung zuständig.

DEFINITION: *Ein Test ist ein standardisierter Experiment durch den wir etwas Bestimmtes messen möchten und in dem man bestimmte Parameter auswertet, um die Ergebnisse in einer Reihenfolge zu ordnen.*

Durch solche Tests kann man verschiedene Ursachen oder Rückschluüsse über Erkrankungen oder verschiedene Karakterbilder des Pazienten machen; am meisten werden heutzutage diese Tests in der Psychiatrie verwendet, z.B. um die Verträglichkeit neuer Medikamente zu messen. Sie sind beliebt auch bei Ehevermittlungen, bei der Partnerwahl, oder bei Personalbeamten. Auf einem ersten Blick könnte man sagen, dass ein Test oder eine solche Befragung sehr weit weg von dem journalistischen Interview steht. Dieser Eindruck ist aber falsch. Diese zwei Befragungsformen haben eine breite gemeinsame Ebene, undzwar sie fragen nicht nur ausgefertigte Ausdrücke, Ausdrucks-, Meinungs- und Verhaltensformen, sondern sie stellen der gegenüber sitzenden Person auch eine Aufgabe, die sie in ihrer persönlichen Art lösen muß. Aus dieser individuellen Lösungsart kann man sehr viele Informationen bekommen, nur dass man auch wissen muß, wie man diese Lösung interpretiert und auswertet. Die Art, wie der Interviewte mit dieser Aufgabe umgeht, soll den Leser, Hörer oder Zuschauer einen Blick in die unerklärte graue Ebene der Persönlichkeit geben. In einem Interview muß man auf zwei Ebenen marschieren:

- auf der Ebene des Wissens (Fragen, Antworten zu Sachverhalte und Meinungen)

- auf der Ebene des Verhaltens (verbales und non-verbales Agieren und Reagieren)

Sehr große Unterschiede gibt es zwischen Presseinterview, der erst abgeschrieben und danach abgedruckt werden soll und Rundfunkinterview, wo auf einer Live-Ebene gespielt wird. Das Praktikum hat uns gezeigt, dass für den Fernsehauftritt viel mehr bedeutenswert ist WIE die Person etwas sagt und nicht WAS sie sagt. Das Person-Spontan - Verhalten wirkt auf den Zuschauer und schon ab dem ersten Moment wird dieser wissen, ob diejenige Person erfahren oder unerfahren ist. Gleichzeitig muß auch die non-verbale Seite der Person beobachtet werden. In solch einem Auftritt handelt es sich um eine Mischung von verbalen und non-verbalen Signale, die über die Person informieren. Sehr oft verwenden Redakteure die sogenannte Halbsatztechnik um die befragte Person zu provozieren, aber so eine Technik erfüllt durch einen direktionierten Gespräch den Wunsch des Redakteurs und ist wirksam nur bei medien-unerfahrenen Menschen. Im Falle der Routinierten kann dieses Theaterstück in die Irre führen.

DIE MEINUNGSBEFRAGUNG

Es gibt eine enge Verbindung zwischen dem klinischen Test und der Meinungsbefragung. Durch den Fragebogen erkennt man indiviuelle Denkweisen und Denkstrukturen. Im Vergleich zu dem Fragebogen, werden durch die Meinungsbefragung die verbreiteten Ansichten der Masse erkannt, die wir typisieren und quantifizieren können, um z.B. die Akzeptanz von Waren (Verkaufbarkeit der Produkte), Personen (Wahlkandidaten) und Meinungen (Zustimmung für Parteiprogramme) zu ermitteln.

DIE FRAGEBOGENERHEBUNG: ist ein Instrument für die Meinungsforschung. Die Fragetechnik entstand durch die Interferenz von Parteien und Unternehmen. Als erstes Beispiel können wir die gebauten Meinungsforschungen, die von der Werbeagentur Jahn & Rubicom in 1932 für den Marktforscher George Gallup gemacht wurden, erwähnen. In den letzten Jahren haben sich die Frage techniken in drei verschiedene Richtungen entwickelt und spezialisiert: Markt-, Sozial- und Meinungsforschung. Der Kerngedanke der Fragebogenerhebung lautet: verschiedene Aussagen zu demselben Thema sollen vergleichbar gemacht werden. Durch einen Fragebogen kann dieses Problem gelöst werden. Nach der Analyse und der Datensynthese werden die Aussagen als Kennzeichen für eine Gruppe oder eine Gesellschaft, eine Population verwendet. Da wir diese Aussagen realistisch oder objektiv verwenden dürfen, müssen wir umbedingt, die von den Sozialwissenschaftlern eingeführten Maßnahmen in Betracht ziehen:

- für die ganze Bevölkerung representativen Personengruppen befragt werden
- alle Mitglieder einer representativen Personengruppe müssen mit den gleichen Fragen befragt werden

Um diese zwei Probleme zu lösen, haben die Wissenschaftler den *standardisierten Fragebogen* erfunden. Er besteht aus formulierten, gefertigten Fragen, die in einer bestimmten Reihenfolge gestellt werden müssen. Gleiche Fragen bekommen verschiedene Antworten, die die Vergleichbarkeit schwierig machen. Um dieses Problem zu lösen, wird die Anwendung von offenen Fragen verkürzt, verkleinert. Für jede Frage werden Antwortenmöglichkeiten durch eine Antwortenauswahl vorgegeben. In diesen

Fällen antwortet der Befragte eigentlich nicht, sondern er gibt seine Zustimmung zu einer Position, aus einem Set von Antwortenmöglichkeiten. Um die hinreichende Breite der Vorgaben zu halten, müssen wir entsprechende Kategorien für die Aufzählung der Antworten schaffen. Durch solche standardisierte Fragebögen erhält man keine individuelle Verhaltensweisen in konkreten Lebenssituationen, sondern etiketiert Verhaltensmuster.

Das letzte Problem, das gelöst werden muß, ist die **FRAGEN-FORMULIERUNG**: die Frage muß von allen Personen möglichst auf gleicher Weise verstanden sein und muß zugleich voraussetzungslos hergestellt sein. Die Frage muß eine so weit wie mögliche Formulierung haben, wie die Extension ihres Zweckes ihrer Ebene das zulässt. Die Fragen, die sie stellen, müssen die betroffenen Ebenen umfassen.

Es ist oft von den Meinungsforschern und Journalisten übersehen worden, dass ein Fragebogen eine begrenzte Erklärungsfähigkeit hat und dadurch ist die Überzeugungsquote bei der Masse niedig.

Eine ungeschriebene Regel der Fragentechnik lautet: *„an einem bestimmten Zeitpunkt darf man fragen, nur etwas worüber die Befragten auch wissen“.* Sehr schwierige Situationen kommen vor, wenn wir prognostische Fragen stellen müssen, wie z.B. „Glauben sie, dass es uns in der Zukunft besser gehen wird ?“ Die Schwierigkeit entsteht, weil die Antworten auf diese Fragen sich auf Informationen, die sich in der Gegenwart befinden, basieren. Also, in unserem Fall: „Wenn es und heute schlecht geht und wenn wir die Tendenz aus den letzten zehn Jahren beobachten, dann werden wir mit einer sehr großen Wahrscheinlichkeit eine pessimistische Antwort über die Zukunft erörtern.“

Die Wahrscheinlichkeit, objektive und reale Antworten im Falle unserer prognostischen Fragen zu haben, verkleinert sich mit der Steigerung der Komplexität der zukünftigen Situatuonen und der Zeitperiode zwischen dem gegenwärtigen und dem zukünftigen Moment.

Weil die strukturierte Form von Interviews ungenügend Informationen über die persönliche Seite des Menschen anbietet, hat man auch eine unstrukturierte Form von Befragung entwickelt, die das „Permissive Interviewing“ genannt worden ist. In solchen

Situationen sollte der Befragte sich so weit wie möglich an den Denkstrukturen und Verhaltensweisen des Befragten anpassen und die Reihenfolge der Fragen wechseln.

Im Vergleich zu dem strukturierten Interview, das uns eine quantitative Basis für die Analyse und Synthese angibt, verwendet diese unstrukturierte Form die qualitative Basis für wissenschaftliche Vorgänge. Das Büro „of Applied Social Research“ der New Yorker Columbia University hat folgende Definition zu dieser nichtstrukturierten Interviewform gegeben: „Das qualitative Interview unterscheidet sich im Vorgehen ganz wesentlich vom früher behandelten Typus des Interviews, dem ein formeller Fragebogen zugrunde liegt. Die Absicht des qualitativen Interviewers geht dahin aus, den Befragten bei seiner Darlegung seines individuellen Falles im Hinblick auf das Untersuchungsproblem behilflich zu sein. Die Methode sei insofern qualitativ, das sie die individuelle Qualität jeder einzelnen Antwort im Gegensatz zur typisierten Antwort des formellen Fragebogens betont.“

Die Begründer und Unterstützer dieser Form sind der Meinung, dass der Wert einer Frage und die Antwort einer Frage verschiedene Bedeutungen haben kann, abhängig von Region, Alter, Status, soziale Schicht des Befragten. Darum müssen die Interviewern ihre Fragen jeder Situation anpassen und die Verwendbarkeut der Wörter in einer Frage umstrukturieren, aber trotzdem den Sinn der Frage erhalten, z.B. Fragen über „agentul termic“.

Ein berühmter Vorgehender der nicht-srandardisierten Fragetechnik ist Alfred Charles Kinsey, der das Sexualverhalten der Amerikaner in 1948 und der Amerikanerinnen in 1953 untersucht hat. Kinsey hat festgestellt, dass die Befragten verschiedene Bedeutungen für denselben Ausdruck im Sexbereich erfunden haben und das würde seiner Meinung nach, abhängig von der Sicht des Befragten sein. Einwende gibt es auch in dieser Situation, nämlich wenn die Wörter die eine Frage bilden sehr wichtig sind, ist auch die Reiehfolge der Fragen sehr wichtig für die Zusammensetzung des Fragebogens. Auch in der Sozialwissenschaft wurden Pro- und Gegenmeinungen geäußert. Debatten gaben es über die Aussagekraft des qualitativen Interviews und auch über die Repräsentativität dieser Fragebogen, die sich auf die Masse beziehen.

Man hat als sehr wichtig die *Richtung* ausgewertet, anders gesagt, was man durch diese Fragebogen erreichen will. Möchte man verschiedene Denkstrukturen oder

Verhaltensformen der Masse in Erfahrung bringen, so muss man repräsentative Bevölkerungsgruppen auswählen und sie nach dem gleichen Muster befragen.

Nur dann sind die Antworten messbar und vergleichbar, wenn dieselben Fragen in derselben Reihenfolge gestellt werden. Diese Methode wird dann verwendet, wenn man einen abstrakten Massenprofil haben möchte. Damit wir näher an die Realität kommen können und die Wahrnehmungsprozesse der Gesellschaft in reale Kategorien einsetzen, müssen wir die qualitative Form verwenden. Man arbeitet mit kleineren Zielgruppen, aber der Wert der Information, den wir kriegen, ist sehr groß. Die begrenzte Zahl von Personen ist verwendet worden, weil die Auswertung der qualitativen Formen schwieriger im Vergleich zu quantitativen Formen ist. Der Endeffekt, das letzte Resultat, die analysierte und systematische Form, die wir in der Masse verbreiten möchten, muß ein Profil haben, das auch qualitative, aber auch quantitative Formen umfasst.

Die Sozialwissenschaftler haben eine Wahl getroffen, die auch die standardisierte, aber auch die non-standardisierte Form des Fragebogens benützt. Diese Art Mittelweg heißt „*die halbstandardisierte Form des Interviews*". Die Form umfasst Fragefelder, die gefertigte Antwortenangaben anbieten, zugleich kann aber auch das persönliche Meinungsprofil des Befragten in Erfahrung gebracht werden, weil hier auch offene Fragen vorkommen. Um diese Form von Interview vergleichbar zu machen, werden dem Befragten strikte Interviewanweisungen gegeben. Diese Anweisungen werden dem Befragten mehr Situationsinformationen beibringen, aber auch die Art und Form wie er antworten muß, nebenbei der Fortgang des Interviews und auch die Antwortenmuster, von denen der Befragte auswählen muß.

Auch die halbstandardisierte Form des Interviews bekommt Probleme mit der Fragentechnik. Ob die Frage offen-standardisiert oder halboffen ist, bleibt seine Formulierungsform noch ein günstiges Problem. Ungenaue, falsche, mißverständliche oder tentenziöse Fragen führen zu falschen Ergebnissen, oder zu Antworten, die nicht einmal gefragt waren. Darum muß die Struktur und auch die Form der Frage so gebaut sein, dass seine Antwort reale Ergebnisse der Frage beibringen kann.

In der Interviewsituation ist auch die non-verbale Kommunikationsfähigkeit des Interviewers und auch sein Verhalten sehr wichtig. Bedeutungsvoll ist auch die

Subjektivität oder Objektivität des Interviewers, der durch sein Verhalten die Zeitsituation beeinflussen kann.

Um die Verfälschung der Antworten so weit wie möglich zu vermeiden, um keine Beeinflussung der Interviewsituation zu entwickeln, muß sich der Interviewer neutral verhalten. Neutrale Verhaltensformen benötigen bei Fragen die gleiche Stimmlage, Intonation und Lautstärke, aber auch dieselbe Mimik, Gestik, Körperhaltung aufzusetzen. Zugleich muß sich der Interviewer an verschiedene Situationen und Personen anpassen, aber sein neutrales Verhaltensmuster muß er immer wieder fortsetzen. Die Fragentechnik ist eine Kunst des Interviewers. Die zwei Regeln des Befragens nach Gert Gutjahr, 1985, lauten: *„nicht erfragbar sind Verhaltensweisen oder Vorgänge, die sich unter Aufmerksamkeitsverzicht abspielen." „Man sollteniemals Fragen stellen, die man selbst nicht ohne Überwindung oder Zwang, freimütig und ehrlich beantworten kann."*

Wie Bevölkerungen, Gruppen, einzelne Personen auf aktuelle Vorgänge reagieren, was sie meinen, was für Denkstrukturen sie benützen, ist im Allgemeinen interessant und kann immer ein Subjekt für die Medien sein. Interessant für die Medien werden immer soziale, politische, wirtschaftliche, ökonomische und wissenschaftliche Themen sein. Die Redaktionen übernehmen und ermitteln nicht immer die reale Version einer Tatsache, obwohl dies auch von den Lesern, aber auch von den Mitarbeitern einer Redaktion gewünscht ist. Diese Fehler kommen oft von dem Bausystem einer solchen Fragebogensituation. Sehr große Probleme haben die Reporter erstens mit der Bildung einer repräsentativen Bevölkerungsgruppe, die untersucht sein muß. Meistens fehlt dem Journalisten auch das Wissen, wie ein Fragebogen gebaut werden muß, wie man eine standardisierte Frage formuliert, wie man Antworten erfaßt, wie diese analysiert, synthetisiert und kategorisiert sein müssen.

Darum haben große Zeitungen und Zeitschriften Beziehungen mit Markt- und Meinungsforschungsinstitute, die diese Befragung durchführen sollen und über die Ergebnisse exklusiv berichten können. Zeitungen und Zeitschriften werden diese Berichte der Gesellschaft in Erfahrung bringen. Man legt seht viel Wert auf die Kooperation mit seriösen Meinungsforschungsinstituten, denn durch diese Mitarbeit haben beide Seiten etwas zu gewinnen. Erstens werden die Leser einen realistischen Profil einer Tatsache, eines Prozesses oder eines Geschehens bekommen, zweitens verbreiten aber die

Zeitungen und Zeitschriften reale Profile und Informationen und sie bekommen immer mehr Glaubwürdigkeit. Drittens bekommen auch die Institute Arbeit und dadurch die Genauigkeit der Markt- und Meinungsforschung machen sie sich positive Werbung und steigern sich die Graubwürdigkeit.

STRAßENINTERVIEW (PUBLIKUMSBEFRAGUNG)

Die Straßenbefragung muß nicht umbedingt eine Meinungsumfrage sein. Ein Straßeninterview bietet uns durch die Wiedergaben meh ein Stimmungsbild an. Die Ergebnisse, die den Leuten interessanter vorkommen und über denen wir Stimmungsbilder bauen können, sind z.B. öffenliche Maßnahmen z.B. Rauchverbot, Sonnenfinsternis usw.

Außer der Quote, die sie interessant machen, können diese Stimmungsbilder auch eine Unterhaltungsquote umfassen. Fragen, die man in solchen Situationen verwendet, sind:

1. Was für Urlaubsziele haben sie?
2. Was möchten sie zu Weihnachten bekommen?
3. Wie fühlen sie sich als Mitglied der Gläubiger der Katholischen Kirche?
4. Sollte der Staat den Drogenkonsum mehr bekämpfen?

Diese Stimmungsbilder, die wir durch diese Befragung in Erfahrung bringen können, sind insbesondere für die Lokalzeitungen und Lokalsendungen, weil sie viel mehr für kleinere Gruppen der Gesellschaft repräsentativ sind.

Die tauglichen Methoden für den Bau von solchen Stimmungsbilder sind die Straßeninterviews. Diejenigen, die befragt werden sollen, müssen folgende Auswahlkriterien erfüllen:

1. Man arbeitet nur mit kleinen Zielgruppen
2. Die Verteilung nach Gesellschaft, Altersgruppen und in manchen Situationen auch nach der Berufstätigkeit wird gleichmäßig sein
3. Die halbstandardisierten Kurzinterviews werden mehr nach Ansichten, Erlebnissen, Wünschen und seltener nach Meinungen fragen.

Durch diese Befragung bekommt man markante, wie auch konsonante Antworten. Mit der Hilfe dieser zwei Kategorien von Antworten baut man Stimmungsbilder, die weiter in bestimmten Artikeln, in Radiofeature oder in Miniporträts dem Publikum presentiert sein werden. Ein Stimmungsbild ist zuständig nur für eine kleinere Gruppe, seine

Verbreitungsebene betrifft die großen Massen nicht. Manche Zeitungen bluffen aber und nicht selten verkaufen sie die Straßeninterviews als Meinungsumfragen, weil ein Straßeninterview mehr interessanter in den Augen der Leser vorkommt, als eine abstrakte Meinungsumfrage.

Durch diese Methode steigert man die Verkäufe einer Zeitung oder Zeitschrift, man muß aber darauf achten, dass sie nicht verwendet ist, denn wenn dieser Effekt eine positive Wirkung in einer kurzen Zeitperiode mit sich bringt, verkeinert er die Glaubwürdigkeit der Informationen und der ganzen Zeitung oder Sendung auf eine längere Zeitperiode und kann so weit gehen, dass er aus einer seriösen Zeitschrift, ein ungeachtetes Tagesblatt macht.

DAS PSYCHOTERAPEUTISCHE INTERVIEW

Die Form von Interview ist eigenartig, weil es mit der Seele des Menschen ein Dialog durchführt. Diese Menschen sind behindert oder gehirngestört, aber auch Menschen, die wir als normal betrachten, die aber ein Lebensproblem lösen müssen und das nicht alleine schaffen können.

Auch diese Form von Interview hat sich mit der Zeit sehr entwickelt, als die Ärzte oder Psychoterapeuten beobachtet haben, dass die Lösung von inneren Problemen des Menschen eine sehr große Rolle in der Heilung einer Störung oder in dem psychischen Gleichgewichtssystem spielen können.

Der Beginn dieser Methode danken wir *Sigmund Freud*, der die Basis von tiefen psychologischen Analysen erfunden hat. Seitdem hat sich die Psychoanalyse in verschiedene Richtungen, Formen oder Redensarten entwickelt. Obwohl der Weg in manchen von diesen Psychoterapien ganz unterschiedlich sein kann, bleibt das Ziel dasselbe: das Kennenlernen des Inneren und die Gleichgewichtswiederherstellung des menschlichen Wertsystems. Als Beispiel können sie sich einen Herrn Direktor vorstellen, der, den ganzen Tag links und rechts Befehle gibt, und der jetzt auf einer Couch sitzt und der gegenübersitzenden Person – dem Terapeuten – seine psychischen Fobien mitteilt. Ein Mensch voller Macht kann ganz machtlos in einer bestimmten Lebenssituation sein.

Der Terapeut muß erstens die Ursache des Verhaltens bekämpfen und nur nachher an den Gleichgewichtssystem der Person arbeiten. Wenn die Methoden, die die Terapeuten verwenden verschieden sind, sind auch die Symbole und Wertsysteme einer Terapie ganz verschieden; z.B. in der Psychoanalyse oder Tiefpsychoterapie sind die Beziehungen, wie in einem kriminalistischen Interview, von den Beamten stark geprägt und von einem ausgeübten Druck geholfen.

Der Unterschied zwischen dem diagnostischen und dem kriminalistischen Interview einerseits, und dem psychoterapeutischen Interview andererseits, bezieht sich auf den folgenden Aspekt: die ersten zwei Formen marschieren auf die Informationserwerbung, das psychoterapeutische Interview exploriert aber die inneren Seiten des Menschen, um die Landkarte der Seele zu erfahren oder die Seelenlandschaft mit der beibringenden Umstrukturierung dieser Landschaft zu umfassen.

Auch diese Form von Interview verwendet gezielte Fragen, aber sie sind ***offen*** und lassen den Pazienten durch seine Antworten, eine Projektion seiner Persönlichkeit zu öußern. Laut tiefes psychologisches Versehen, sucht der Terapeut nach inneren Zusammenhängen, die in Beziehung zu einem bestimmten Lebensproblem sind und zugleich nach einer paralellen Innenstruktur des Pazienten, damit er als Lösung eine Reintegration in einem anderen Sinnsystem für ein anderes Problem findet. Diese Integration gibt dem Pazienten die Möglichkeit, eine neue Wahrnehmung in diesem neuen Lebenssystem zu entwickeln. Wenn dieser Weg ungültig ist, muß der Terapeut einen neuen Sinnsystem finden, um diese Reintegration fortzusetzen.

Das Gespräch Terapeut - Pazient bewegt sich immer wieder auf die Sinnebene, wo der Terapeut Umstrukturierungen und Reframingsprozessebeibringen kann. Reframinsprozesse bedeuten eine Veränderung eines Sinnsystems in ein anderes positives Sinnsystem. Im Vergleich zu den anderen Interviewformen müssen im psychoterapeutischen Interview alle Antworten in Betracht genommen werden. Alle Antworten bilden die ganze Gestalt der Sinnebene. Jede Antwort ist zuständig für ein Teilchen dieser Gestalt, darum sind diese Antworten sehr wichtig. Sie bedeuten einen Teil der Wirklichkeit auf deren Ebene der Terapeut und der Pazient sich begegnen werden. Die Beziehung zwischen den zwei wird durch die Form und den Inhalt des Gesprächs definiert. Eine Form von Monolog des Pazienten werden wir als einen Leitfaden der ganzen Terapie betrachten.

Die Pazienten kommen mit großen Erwartungen in einer Psychoterapie. Das bedeutet ein Vorteil für den Psychoterapeuten, den er unbedingt ausnutzen muß. Der Terapeut muß eine Überzeugungskraft beherrschen, um das Vertrauen in seiner Beziehung mit dem Pazienten beizubringen. Damit er dieses Vertrauen nicht verliert, muß der Terapeut auch Ergebnisse in seiner Terapie mitbringen, die auch der Pazient fühlt und auch für ihn klar sind.

Sehr oft braucht der Pazient Erklärungen, die zur Klarheit in der Terapie beibringen sollen. Es sind auch Fälle, wo die Pazienten keine Terapie mögen. In einer solchen Situation ist es schwieriger den direkten Kontakt mit dem Pazienten zu entwickeln. Hier braucht der Terapeut eine sehr hohe Quote an Glaubwürdigkeit zu beherrschen, damit er eine Beziehung mit dem Pazienten beginnen kann. Wenn es ihm nicht gelingt, das Vertrauen in seiner Terapie hineinzusetzen, dann wird sein ganzes Verfahren ein Fiasco sein. Die Resultate müssen schrittweise,eins nach dem anderen im Bewußtsein des Pazienten gebracht werden, damit er auch die Ergebnisse fühlen kann.

Auch wenn der Terapeut sehr leicht zu einem Endeffekt gelingen kann, muß er auch in diesem Fall die Ergebnisse schrittweise veröffentlichen. Diese Methode ist verwendet, weil es vielen Pazienten nicht gelingt, das Ganze auf einmal zu übernehmen. Eine Tiefpsychoterapie kann Tage, Wochen, Monate, oder sagar Jahre dauern, abhängig vom Problem, das gelöst werden muß. In so einem Fall können wir nicht über ein Interview, das Jahrelang dauert, sprechen. Es gibt trotzdem eine große Ähnlichkeit zwischen dem terapeutischen und dem jounalistischen Interview.

Die Ähnlichkeit bezieht sich auf das Erstinterview, das zu Beginn der Psychoterapie verwendet ist. Im Vergleich zu dem terapeutischen Gespräch, verfolgt das Erstinterview diagnostische Ziele: erstens muß der Pazient über seine Probleme, Ängste oder Schwierigkeiten mit dem Terapeuten sprechen können, damit der Terapeut ein primäres, oberflächliches Profil der ganzen Situation in Betracht nehmen kann.

Nachdem dieses Verfahren stattgefunden hat, sollte der Pazient eine möglichst größere Offenheit seiner Äußerung bekommen und weiter über die belastenden Geschehnisse seines Lebens sprechen. In dieser Phase der Terapie kann ein Aspekt problematisch vorkommen, undzwar: der Pazient wird über belastende Probleme sprechen, die aber nicht auf der Ebene der Ursachen seines asozialen Verhaltens stehen. Bewußt sind die Ursachen in dem Wertsystem des Pazienten nicht. So muß der Terapeut in seiner Seelenexploration in den Unbewußten des Pazienten gerade diese Ursachen finden.

Selbstverständlich gibt es Fälle, wo der Pazient gerade über diese Ursachen spricht. In diesem Fall wird die Terapie in einem schnellerem Tempo durchgeführt. Durch die Erkennung der Ursachen in einer Verbindung mit den Lebensformen des Pazienten bekommt der Psychoterapeut sein Profil der Persönlichkeitsstörung des Pazienten, das die diagnostische Phase der Terapie erleichtern wird.

Nach Hermann Argelander, der sich wissenschaftlich mit dem terapeutischen Erstinterview beschäftigt hat, heißt es: „Im psychoterapeutischen Erstinterview nehmen wir die Anamneze auf und erheben gleichzeitig den Befund.“ Laut Argelander muß der

Terapeut, um eine psychoterapeutische Erstinterviewsituation zu erzeugen, drei Bedingungen beachten:

1. Er soll den Klienten „das Vorfeld des Interviews überlassen". Wenn es möglich ist, sollte man den Pazienten lassen, den Interviewtermin festzulegen. Das wird dem Pazienten mehr Sicherheit beim ersten Kontakt mit dem Psychoterapeuten geben. Der Pazient wird sich so von Anfang an wichtig und in gewisser Maße als ein Mitarbeiter des Psychoterapeuten fühlen.
2. Der Terapeut muß genügend Zeit zur Verfügung stellen (1-2 Stunden), Räumlichkeit anbieten „Ruhe und Behaglichkeit" ausstrahlen. Diese Bedingung hat die Rolle eines Eisbrechers. Die passende Atmosphäre übernimmt am Anfang die Hauptrolle für eine positive Bezeichnung: Terapeut-Pazient. Die Ruhe und Behaglichkeit geben dem Pazienten die Möglichkeit der Vertrauensentwicklung.
3. Die dritte Bedingung, die von dem Psychoterapeuten beachtet werden muß, besteht aus einer verstehenden Haltung. Diese Haltung gibt dem Pazienten die Mut und erleichtert ihn die Aussage und die Äußerung seines peinlichen Problems. Niemals wird der Psychoterapeut ihn kritisieren oder beurteilen, sondern er wird nach dem Sinn der Tatsachen und Lebensproblemen, die er hört, vorsehen.

In dieser Maniere baut der Psychoterapeut die Beziehung mit dem Pazienten, die auf Vertrauen basiert. Der psychoterapeutische Gespräch ist mehr eine Informationsüberweisung vom Pazienten zum Terapeuten und auch umgekehrt, indem der Terapeut die Wege und die Lösungen der Probleme dem Pazienten schrittweise zeigt.

Im Falle einer Gehirnkrankheit darf der Terapeut den Klienten nicht mit Krankheitsdenkstrukturen und Krankheitsdeutungen konfrontieren, denn wenn er das tut, wird der Pazient die Terapie abweisen.

Um diesen Effekt zu vermeiden, werden verschiedene terapeutische Methoden verwendet. Argelander nennt zwei von den wichtigsten Terapiemethoden:

1. Die Vermeidung dieser Konfrontation – in diesem Fall wird der Pazient „von der verständnisvollen Zurückhaltung des Interviewers angenehm berührt und fühlt sich von diesem Gesprächstil entlastet."
2. „Der Interviewer spricht die erhaltenen Informationen mit den Klienten durch." Durch diese Methode holt sich der Terapeut „für jede Interpretation vom Pazienten die erforderlich unbewußte Bestätigung." Durch so ein Verfahren wird sich der Pazient überhaupt nicht bedrängt fühlen und wird die Deutung seiner Probleme akzeptieren, weil praktisch der Pazient diese Deutung ausspricht, der Terapeut hat nur die Rolle einer leitenden Person im Gespräch, der die Antwort übernimmt und sie durch bestimmte Verhaltensschemen durch seine Terapie legt.

Diese Technik wurde von Alfred Lorenzer die „Teilhabe an der Situation des Pazienten" genannt. In seinem Vorgang sollte der Terapeut nicht nur die Aussagen begreifen, sondern auch die Umstände verstehen, die im Allgemeinen maskiert geäußert sind. Das nennte man „szenerisches Verstehen." Die Tiefpsychoterapie haltet noch die Matrix ein, in der der Terapeut irgendwo von oben den Pazienten ansieht und diesen in einige Situationen mit seinen universalen Kenntnissen drückt.

Der Pazient legt seine Seele in den Händen des Terapeuten und tretet gehorsam auf den Weg, der von dem Terapeuten gezeigt worden ist.

Die neuen Richtungen der Psychoterapie beseitigen diese Form von Beziehung Terapeut – Pazient und ersetzen sie mit einer lockeren und aktiven Form, in der der Terapeut aber auch Pazient seinen Teil in der Terapie haben muß.

Man hat festgestellt, dass diese neue Form mehr Sicherheit und Äußerungsmöglichkeit dem Pazienten ermöglicht und, dass diese zwei Parameter die Dauer der Terapie verkürzern. Das hat einen neuen psychologischen Effekt auf den Pazienten, weil im Allgemeinen alle so schnell wie möglich mit den Lebensproblemen fertig werden möchten. Dieser Effekt des Erstinterviews bedeutet ein Bau eines Personenporträts, das metaphorisch gesagt, mit einer Entkleidung des Menschen ähnelt, das von den Journalisten „tiefes Interview" genannt worden ist. Diese neue terapeutische Interviewform, wo die schützende Mauer des Terapeuten beseitigt worden ist, ist sehr wirksam und die gezielten Fragentechniken dieser Methode sind von den Journalisten übernommen worden.

Es gibt also eine enge Beziehung zwischen den psychoterapeutischen Erstinterview und den journalistischen Interview, was die Form, das Wertsystem und die Struktur betrifft.

DAS DIAGNOSTISCHE INTERVIEW

Ist selbstverständlich, das in der Medizin, von den Ärzten verwendete Interview. Die informale Seite dieser Form von Interview ist, dass der Pazient freiwillig zum Arzt kommt und, dass er in jedem Moment das Interview abbrechen kann. Man bemerkt in diesem Fall, dass die Gesprächskonditionierung keine Konditionierung beinhaltet. Es gibt überhaupt keinen Druck um den Pazienten zu einer Aussage zu zwingen. Er sagt alles freiwillig und noch etwas mehr, er ist derjenige, der sprechen möchte, denn sein Ziel ist geheilt zu werden. Auch diese Befragungssituation marschiert auf einen klaren Plan und hat eine strukturierte Form.

Der Unterschied zwischen dem kriminalistischen und dem diagnostischen Interview liegt im Informationsinteresse. Im kriminalistischen Interview geht es viel mehr um die Aufklärung einer Situation, eines Geschehnisses, hier liegt das Interesse mehr an bestimmte Krankheitssituationen um einen bestimmten Ziel, also die Heilung zu erreichen. Es gibt aber in beiden Fällen eine Frageabsicht: Ärzte möchten die richtige Antwort auf ihre Fragen finden, nämlich die zum Diagnoseposter passen, sowohl auch faktizierbare und interpretierbare Aussagen, damit diese Aussagen zu einem Resultat führen und die Ursachen der Krankheit finden. Die Hypothesen müssen durch Fakten geprüft werden. Die Abklärung ist eine Befragungsform, durch die man Informationen sammeln kann. Immer mehr Ärzte klagen über ihre Kollegen, die high-tech Apparaturen verwenden und die diagnostischen Interviews als nutzlos finden. Darum systematisieren und standardisieren Ärzte aus der USA diese Form des Interviews, um die Antworten verschiedener Pazienten vergleichbar zu machen. Bald tauchen auch die ersten Fragebogen auf, zugleich beobachteten manche Spezialisten, dass die Informationen die sie durch solche Fragebogen bekommen können, sehr wertvoll sind und stellen sich auch die Frage „Warum?“ – weil durch so eine Interviewsituation nicht nur Verhalten oder Situationen in denen sich die Person findet, aufgeklärt sein können, sondern auch die Art und Weise wie die Person die Situation wahrnimmt und was für assoziierte Gefühle und Denkstrukturen sie verwendet. Wenn wir durch Apparatur einen anatomischen oder psychologischen Profil der Krankheit bilden können, durch einen diagnostischen Interview erzeugen wir auch den inneren, psychologischen Profil einer Krankheit.

Zum ersten Mal wurden in 1980 diese *Mental-tests* von den amerikanischen Psychologen genannt. In der Medizin verwendet man zwei Arten von Interview, fest miteinander verbunden: - DIE FRAGEBOGENERHEBUNG

- DER TEST MIT GENANNTEN TESTPERSONEN

Sehr wichtig in der Heilung einer Krankheit ist auch die Innenstruktur einer Person zu kennen: wie sie im Kampf mit der Krankheit reagiert, ist sie pessimistisch oder optimistisch, ist sie mißtrauisch oder nicht, möchte sie (in den schweren Krankheitsfällen) weiterleben, oder nicht usw.

All diese Parameter können einem Arzt sehr nützlich sein, weil manche von diesen den Kampf mit der Krankheit verstärken, oder auch zur Heilung führen. In seinem Fortgang muß der Arzt all diese fiziologische und psychologische Parameter unter Kontrolle halten.

Ein Beispiel:

1. "Das Spiel ist noch lange nicht aus"

Die Leitfigur der Grünen warnt vor dem Rechtspopulismus der neuen Linkspartei und spricht eine scharfe Warnung gegen Iran aus.

Joschka Fischer läuft nach eigener Messung den Kilometer wieder unter sechs Minuten – ein untrügliches Zeichen für den nahenden Wahltag. Während die außenpolitische Agenda mit dem iranisch-europäischen Nuklearstreit und der Debatte um den Sitz im UN-Sicherheitsrat keine Pause gönnt, reflektiert der Außenminister im SZ-Interview auch über Fehler von Rot-Grün, Oskar Lafontaine und die Reichensteuer.

SZ: Ein existentialistisches Drama aus dem Jahr 1958 liefert das Motto für die Situation von Rot-Grün im Wahlkampf 2005. Es stammt von Sartre und heißt: „Das Spiel ist aus".
Fischer: Da haben Sie sich ja einen schönen Vergleich ausgedacht. Chapeau! Schade nur, dass er hinkt! Das Spiel ist nämlich noch lange nicht aus. Im Gegenteil: Wir haben noch einen schweren Wahlkampf vor uns. Die Deutschen werden ihre Entscheidung in den letzten drei Wochen treffen. Und die Mehrheit wird nicht von Merkel und Westerwelle

regiert werden wollen, sie wird keine neoliberale Radikalisierung wollen.
SZ: In Sartres Buch erhalten Paare die Chance, ihr Leben noch einmal zu leben. Wenn Sie, wenn Rot-Grün noch einmal von vorn anfangen könnten – was würden Sie anders machen?

Fischer: Wer handelt, macht Fehler. Ich halte die Arbeitsmarktreformen für verbesserbar, aber der Gesamtansatz war und ist richtig. Wenn ich mich in vergleichbaren Sozialstaaten auf dem Globus umschaue – überall gab es die schwierigen Anpassungsprozesse, in denen Deutschland jetzt steckt. Natürlich hätten wir bei den großen Reformen etliche Dinge besser machen können. Wir hätten auch das Positive stärker herausstellen sollen – dass etwa die Sozialhilfeempfänger einen eigenen Altersversorgungsanspruch bekommen haben, dass sie herausgenommen wurden aus der Armutsverwaltung und erstmals Zugang zu den Leistungen der Bundesagentur für Arbeit haben. Ich war erschüttert, wie viele Jugendliche in der Sozialhilfe gesteckt haben. Wir haben Schluss gemacht damit, dass der Einstieg in das Arbeitsleben für junge Leute mit Sozialhilfe beginnt. Die große Herausforderung für die nächsten Jahre: Wir brauchen einen aktivierenden Arbeitsmarkt, der gleichzeitig soziale Sicherheit gewährt.

SZ: Bisher bestand Ihr aktivierender Sozialstaat darin, dass Rot-Grün den ärmeren Leuten den Gürtel enger geschnallt hat. Die unteren Schichten wurden belastet, die oberen geschont und steuerlich entlastet?

Fischer: In den Zeiten, in denen wir einen Spitzensteuersatz von 53 Prozent und einen Eingangssteuersatz von 25,9 Prozent hatten, ist es nun wahrlich nicht gerechter zugegangen. Es war für uns wichtig, die Leistungsträger in den mittleren Einkommensschichten zu fördern. Von ihnen zehren der Staat und das Gemeinwesen.
SZ: Die Umfragewerte der Linkspartei liegen höher als die der Grünen. Sind die Grünen auch eine Linkspartei?

Fischer: Nun warten Sie's doch mal ab. Ich bin fest überzeugt, dass die Grünen am 18. September mit einem sehr guten Ergebnis auf Platz 3 liegen. Im Übrigen: Die so genannte Linkspartei ist keine Linkspartei, sondern im Wesentlichen die Nachfolgepartei der PDS. Ich sehe auch nicht, was an der Position von Lafontaine tatsächlich links ist. Wenn man in einer immer älter werdenden Gesellschaft immer noch mit den Rezepten von Kohl und Blüm hantieren will, ist das links? Ist der Generationenkonflikt, den man damit provoziert, links? Im Übrigen: Ich habe einst Oskar Lafontaine sehr geschätzt. Aber der Lafontaine, der gegen „Fremdarbeiter“ herzieht, ist nicht mehr der, den ich kenne.

SZ: Schon in alten Zeiten hat Lafontaine etwa vom Asylrecht wenig gehalten.

Fischer: Jetzt wirbt er offen um rechtsradikale Wählerschaft. Das erinnert mich an die Rechtspopulisten, an Haider, Le Pen und auch an Möllemann. Das ist nicht links, das ist rechts außen. Auch der Populismus der sozialen Versprechungen ist gefährlich. Aber unser Hauptgegner ist nicht die Linkspartei, sondern die Union. Wir sollten uns nicht in eine Falle begeben: Weder Herr Gysi noch Herr Lafontaine treten an, um diese Republik zu regieren. Sie werden allenfalls den populistischen Narrenzug am Hofe der dann regierenden Konservativen und Neoliberalen abgeben.

SZ: Reichensteuer?

Fischer: Korrekturen im Steuersystem sind notwendig. Betriebliche Einkommen und Privateinkommen müssen getrennt und verschieden behandelt werden. Das ist vor allem für den Mittelstand wichtig. Und im Übrigen bin ich überzeugt, dass viele Leute, die es sich leisten können, für den sozialen Zusammenhalt unseres Gemeinwesens etwas mehr zu zahlen bereit sind.

SZ: Zukunftsprojekte?

Fischer: Die Förderung von Familien, von Kindern. Mit aller Kraft müssen wir für die Vereinbarkeit von Karriere und Kindern sorgen, und dabei darf keine Rolle spielen, ob es in einer Familie einen Trauschein gibt oder nicht. Die neue Vereinbarkeit von Kind und Karriere ist nicht nur gesellschaftspolitisch von entscheidender Bedeutung, sondern auch ökonomisch.

SZ: Wer soll das bezahlen?

Fischer: Da muss man die richtigen Schwerpunkte setzen, da muss anderes zurückstehen. Kinder, ihre Ausbildung und ihre Erziehung, sind wichtiger als alles andere. Sie sind – das ist kein hohler Spruch – die Zukunft unseres Landes. Bessere Bildung, bessere Vereinbarkeit von Beruf und Kindererziehung, der gesetzliche Anspruch auf Kinderbetreuung ab dem ersten Lebensjahr, wie wir Grüne ihn fordern – das alles kostet natürlich. Aber die Kosten kommen uns vielfach wieder zugute. Kinder gehören auf der Prioritätenliste an die Spitze. Es geht um eine ganz wichtige Weichenstellung. Da kann man nicht mit Lügen arbeiten.

SZ: Wer lügt?

Fischer: Die CDU hängt einem alten Familienbild nach – so wie sie einem alten Bild von einem homogenen Deutschland nachhängt. Gerade die CSU lamentiert ja immer wieder über die Zuwanderung. Gehen Sie doch mal hier in München durch die Gaststätten, fragen Sie mal, wo viele Kellner herkommen. Gehen Sie in die Altenheime, in die Pflegeheime, gehen Sie in die Krankenhäuser – und Sie werden sehr schnell feststellen, dass auch hier nicht das Ende der multikulturellen Gesellschaft eingeläutet ist, sondern das Gegenteil stattfindet. Diese Zukunftsfragen sind bei einer großen Koalition schon schlecht aufgehoben, bei Frau Merkel und Herrn Westerwelle sowieso.

SZ: Sie können noch so schöne Dinge vorschlagen und den aktivierenden Sozialstaat an den Himmel malen: Der Wähler traut Rot-Grün nicht mehr. Ihr Wahlkampf steht eigentlich unter dem alten Spontimotto: Wir haben keine Chance, aber wir nutzen sie.

Fischer: Warten Sie mal in Ruhe ab. Im Jahr 2002 bin ich mit 4,2 Prozent Zustimmung zu den Grünen in den Wahlkampf gegangen – und wir haben das gedreht. Wir stehen in einer auch außenpolitisch extrem schwierigen Zeit, vor Herausforderungen, deren Bewältigung die Wähler Angela Merkel nicht zutrauen werden.

SZ: Iran will offenbar die Atomgespräche mit Europa torpedieren. Zeigt die neue Regierung nur Muskeln, oder ist die Zeit der Verhandlungen vorbei?

Fischer: Wir Europäer haben im Oktober 2003 die Initiative ergriffen, weil wir für die Region des Nahen und Mittleren Ostens, aber auch für unsere eigene Sicherheit eine große Gefahr gesehen haben. Wir sind bereit, auf Iran zuzugehen, allerdings nicht bereit, hinzunehmen, dass Teheran den Brennstoffkreislauf schließen kann. Denn dann ist es nur noch eine Frage der politischen Entscheidung, ob man die Bombe baut. Das gesamte Nuklearprogramm des Iran macht unter dem Gesichtspunkt der zivilen Nutzung in ökonomischer Hinsicht keinen Sinn. Darin liegt, auch in Verbindung mit dem iranischen Raketenprogramm, unser tiefes Misstrauen begründet.

SZ: Was bieten Sie an?

Fischer: Wir sind bereit, Irans Rechte entsprechend dem Nichtverbreitungs-Vertrag zu bestätigen. Wir sind bereit zur zivilen nuklearen Kooperation. Wenn Iran meint, es müsse ein ziviles Nuklearprogramm – also Leichtwasserreaktoren – bauen, ist das seine souveräne Entscheidung. Wir sind zu umfassender Kooperation im wirtschaftlichen und politischen Bereich bereit sowie zur Berücksichtigung der legitimen Sicherheitsbedürfnisse des Iran. Zu alldem sind wir bereit, wenn es objektive, dauerhafte Garantien gibt, dass Iran auf die Nuklearisierung im militärischen Bereich verzichtet, also seine Versuche zur Schließung des Brennstoffkreislaufs beendet.

SZ: Damit scheint es nun vorbei?

Fischer: Gemeinsam mit Frankreich und Großbritannien sowie Javier Solana haben wir an einer tragfähigen Brücke gebaut. Für uns gilt: So lange die Anlagen stillgelegt bleiben und so lange die Pariser Vereinbarung Grundlage der Gespräche ist, so lange sind wir bereit, diese Verhandlungen fortzuführen. Wir haben allerdings auch gesagt, dass wir die jüngste Entwicklung – die Absicht, die Siegel zu brechen – sehr ernst nehmen. Damit wäre die gemeinsam vereinbarte Grundlage einseitig aufgekündigt. Iran sollte nicht einer Fehlkalkulation unterliegen. Das wäre eine sehr ernste Entwicklung.

SZ: Was ist das Motiv Irans für die Verschärfung?

Fischer: Ich möchte darüber nicht öffentlich spekulieren, sondern noch einmal die Gelegenheit nutzen, an Iran zu appellieren, Vernunft walten zu lassen. Iran kann alle seine legitimen und von der internationalen Gemeinschaft akzeptierten Sicherheitsinteressen realisieren, ohne die Gefahr eines nuklearen Rüstungswettlaufs im Nahen Osten und darüber hinaus herbeizuführen. Wir wollen diesen Prozess auf Grundlage der Vernunft und der geltenden Vereinbarungen gestalten. Alles andere würde eine sehr negative Entwicklung einleiten.

SZ: Wahlkampfzeit ist Zeugniszeit, und prompt lahmen Ihre außenpolitischen Großprojekte: EU, Iran, Nahost. Was wird aus Europa werden – gleich unter welchen Regierung?

Fischer: Da lahmt nichts, auch wenn Europa in einer schweren Krise steckt.

SZ: Die Vorstellung einer nicht endenden Erweiterung erschreckt die Menschen.

Fischer: Die Europäer haben die Alternative: Entweder vertreten sie mit Kraft ihre eigenen Interessen, oder sie werden einen hohen Preis bezahlen müssen. Wir können uns weder vom Balkan verabschieden, noch aus den gefährlichen und unsere Sicherheit bestimmenden Regionen des Nahen und Mittleren Ostens. Die Welt mit ihren Problemen wird auf Europa nicht warten. Und wenn man der Türkei die Tür vor der Nase zuschlägt, obwohl ihr seit Adenauer immer wieder Versprechungen gemacht wurden, werden wir es sehr bereuen.

SZ: Diese Versprechungen wurden immer unter der Maßgabe gemacht, dass sie sowieso nie erfüllt werden müssen.

Fischer: Sie wurden damals immer unter der Maßgabe gemacht, dass die Türkei für die Sicherheit Europas unverzichtbar ist angesichts der Bedrohung durch die Sowjetunion. Sie ist heute genauso unverzichtbar – wenn auch natürlich aus anderen Gründen.

SZ: Die Mitgliedsperspektive übt einen großen Reformdruck auf die Türkei aus. Aber die EU scheint nicht stabil genug, diesen Druck aufrechtzuerhalten.

Fischer: Wer die Mitgliedsperspektive in Frage stellt, muss sich über die Folgen im Klaren sein und den Mut haben, sie den Menschen klar zu sagen. Wir alle stehen doch noch unter dem Eindruck von mehr als 200000 Bosnienflüchtlingen, von Hunderttausenden Ermordeten, von Massenvergewaltigungen. Was nach all dem Schrecken schließlich das Denken auf dem Balkan verändert hat, war die Hoffnung, zu Europa zu gehören. Wenn man den Menschen in der Türkei nun sagt: Das war ein Irrtum, wird man bezahlen müssen – von moralischen und menschlichen Tragödien ganz zu schweigen. Und auch ein Zwischeneuropa ist doch keine Alternative und würde nur eine ständige Quelle der Instabilität sein.

SZ: Diese Dimension ist den Menschen zu abstrakt, sie wurde auch nie verkauft.

Fischer: Das ist doch nicht nur eine Frage der Verkaufe. Zu bestimmten Positionen muss man auch stehen, und nicht jeder Stimmung hinterherlaufen. Hier werden zum Teil wider besseres Wissen Ängste instrumentalisiert und dumpfe Ressentiments bedient.

SZ: Ein wichtiges Thema Ihrer Außenpolitik war der UN-Sitz. China und die USA scheinen sich in der Ablehnung neuer Sicherheitsratsmitglieder bestens zu verstehen. Ist der Zug abgefahren?

Fischer: Ob es was wird, muss man abwarten. Aber der mancherorts erhobene Vorwurf, wir wollten mit dem Kopf durch die Wand, ist absurd. Und wer als Alternative zum offenen und fairen Wettbewerb um das beste Reformmodell für Konsens plädiert, der sagt im Klartext: Keine Reform! Die UN-Charta fordert deswegen aus guten Gründen die Zwei-Drittel-Mehrheit, nicht den Konsens. Außerdem: Wir haben uns – anders als Kohl-Kinkel – nie aus eigenem Antrieb nach einen ständigen Sitz im Sicherheitsrat gedrängt. Aber in dem Moment, wo Kofi Annan nach dem Irak-Krieg den Anstoß für eine grundlegende Reform der Vereinten Nationen geben hat, konnte doch ein multilateral derart engagiertes Land wie Deutschland nicht sagen: Ohne uns! Das hätte niemand verstanden, und es wäre auch ein schwerer Schlag für die Reform selbst gewesen.

SZ: Ihre Politik war nicht von vornehmer Zurückhaltung geprägt.

Fischer: Die Alternative war: Entweder nehmen wir die Initiative ernst, dann arbeiten wir daran, oder wir sagen nein. Ein Nein hielte ich gerade nach der Irak-Krise für falsch, denn Irak hat gelehrt, die UN sind unverzichtbar, und sie sind reformbedürftig.

SZ: Jetzt haben auch noch Afrikaner ihre Unterstützung verweigert.

Fischer: Nach dem jüngsten Gipfel der Afrikanischen Union werden wir die Gespräche mit unseren Partnern fortsetzen. Es ist zwar bedauerlich, dass sich die AU nicht auf eine Bestätigung des in London besprochenen Kompromisspaketes zur Reform einigen konnte. Dennoch sehe ich derzeit keinen anderen Reformvorschlag, der bessere Aussichten auf die notwendige Zwei-Drittel-Mehrheit in der Generalversammlung hätte. Die Notwendigkeit einer Reform bleibt bestehen, und wir werden geduldig weiter daran arbeiten.

(Süddeutsche Zeitung - 6.08.2005)

Fragen:

1. Erläutern sie die Art des Interviews.

2. Welche Fragestrategien verwendet der Reporter? Welche andere Arten von Fragen wären passend?

3. Wie werden der Informations- und Unterhaltungswert miteinander verbunden?

Kapitel III - DIE REPORTAGE

Die Reportage (aus dem Lateinischen *reportare* - überbringen) ist eine zentrale journalistische Darstellungsform, die Ende des 19.Jahrhunderts entstand und heute in fast allen Zeitungsrubriken zu Hause ist. Vorstufen der Reportage gab es anfangs des 19. Jahrhunderts bei einigen Autoren z.B. Heinrich von Kleist. Zu Beginn des 20. Jahrhunderts wurde der Typus des „rasenden Reporters" (Egon Erwin Kisch) geboren, der z.B. als Sensationsreporter oder Kriegsberichterstatter tätig war.

Die Reportage ist „ein tatsachenbetonter, aber persönlich gefärbter Erlebnisbericht. Daher soll sie so konkret und anschaulich wie möglich sein" (La Roche). Sie handelt immer von Menschen. Reportage heißt: „Informationen lebendig werden lassen und den Leser durch die Augen des Reporters sehen und miterleben lassen" (ABC des Journalismus). „Ein Bericht ist wie eine Fotografie, eine Reportage wie ein Röntgenbild" (Brendel). In diesem Zusammenhang sind drei Elemente wesentlich:

- Die Reportage gehört neben der Nachricht, dem Interview und der Dokumentation zu den tatsachenbetonten Stilformen. Die Reportage ist im Kern eine Nachricht.
- Der Unterschied zur Nachricht wird mit der Forderung nach persönlichen Erlebnissen deutlich.
- Handlungen und Ereignisse sind das typische Merkmal der Reportage.

Wir unterscheiden zwei Grundformen der Reportage:

1. der farbige Bericht (Report) – über ein handlungsreiches Ereignis
2. die Milieustudie – Beschreibung von Handlungen

Der Reporter berichtet entweder als Augenzeuge (Inside-Story) oder verwendet die Auskünfte von Augenzeugen. Die moderne Zeitungsreportage ist vom journalistischen Anliegen getragen, soziale Distanzen und Barrieren zu überwinden, um hinter die Fassaden zu blicken. Der Leser muß die Welt durch die Augen des Reporters sehen und miterleben. Die Reportage ist somit die stellvertretende Wahrnehmung der Außenwelt für die Leser.

Die Reportage lebt vom Authentischen und zeigt die Individualität der Handelnden. Sie vermittelt somit den Eindruck, dass die Akteure nicht austauschbar sind und die Erlebnisse einmalig sind.

Michael Haller umschreibt die Darstellungsform Reportage anhand folgender journalistischer Fragen:

- *Was mache ich mit dem Thema?* (Schilderung von Geschehnisse als Beobachter oder Teilnehmer)
- *Was ist der Hauptzweck, die Funktion?* (Distanz und Barrieren überwinden und die Leser teilhaben lassen)
- *Wie lautet die Anforderung?* (authentische und einmalige Erlebnisse) abc

Bei der Reportage ist Anschaulichkeit gefordert und eine subjektiv gefärbte Schilderung erwünscht. Sie bewegt sich daher an der Grenze zwischen informations- und meinungsbetonten Textsorten.

Der Aufbau der Reportage ist frei, mal chronologisch, mal Sprünge und Wechsel von Perspektiven.

Voraussetzung für eine gute Reportage ist eine intensive Recherche und ein voller Notizblock. Der Reporter muß über ein sensibles Einfühlvermögen sowie eine hohe Auffassungsgabe und Analysekompetenz verfügen, um das Erlebte wie ein Schwamm aufsaugen und präzise wie ein Film wiedergeben zu können.

Es ist sehr wichtig zu verfolgen, wie das Reportageschreiben verlaufen soll. Michael Haller versucht diese Schritte genau zu nennen:

- *den reportagegerechten Zugang zu suchen* (Worin besteht die dem Leser unbekannte Seite des Themas? Was gibt dem Thema Distanz oder Barriere und wie kann man diese überwinden?) – zuerst die Erkundigung über das „Wie“, „Wer“ und „Was“ und sich sagen lassen, wer von den Akteuren besonders typisch und originell sein könnte;
- *den interessanten Aspekt zu finden* (Welchen Bezug haben die Leser zum Thema, von welcher Seite kennen sie es?) – „Interesse“ ist eigentlich die Verbindung zwischen dem Thema und dem Leser; gewöhnlich besteht der interessante Aspekt darin, etwas aus einer anderen Perspetive zu zeigen, oder „was hinter den Kulissen ist“ zu betrachten. Der interessante Aspekt

muss neugierig machen, weil er Altvertrautes in ein völlig neues Licht rückt.

- *die erlebnisstarke Seite des Themas zu entdecken* (Was genau ist das Erlebnisstarke an diesem Thema?) – die erlebnisstarke Seite des Themas ist dort zu finden, wo es Auseinandersetzungen, Konflikte gibt, wo Überrachendes und Unerwartetes geschieht und aus diesem Grund verhalten sich die Menschen anders als erwartet; erlebnisstark wird ein Thema auch dann, wenn sich der Reporter ins Geschehen begibt.

Wie entsteht eine Reportage?

1. *Vorbereitung durch Vorrecherche*:
   a. Der erste Weg geht ins eigene Archiv um die Vorgeschichte, die mit dem Thema in Verbindung steht, zu untersuchen (wenn die Informationen nicht genügend sind, dann sollte man auch im Stadtarchiv suchen)
   b. Die Fachbibliothek: hier sollte man feststellen, was zu diesem Thema schon geschrieben worden ist
   c. Das große Personenarchiv
2. *Augenzeuge sein*: eine Reportage wird zu einer richtigen Reportage durch die Beobachtungen des Reporters (aktive oder passive Teilnahme an das Geschehen); der Reporter muss alle seine Sinnesorgane benützen und das damit sich der Leser am Ort des Geschehens zurechtfindet und sich im Thema zuhause fühlen kann. Um all dies zu erreichen, muss der Reporter seine Sinneseindrücke so anschaulich wie möglich in Sparche umsetzen und er muss mit ihnen seine Eindrücke belegen können.
3. *Erzählen lassen:* nicht nur beobachten, sondern auch zuhören muss ein guter Reporter können. Um zuhören, muss der Reporter selbstverständlich gut fragen können, um den Befragten zum Erzählen zu bringen. Der Reporter stellt vorwiegend offene Fragen und nur selten investigative Fragen. Von Zeit zu Zeit soll der Reporter auch anknüpfende Fragen stellen, um weiter zum Erzählen zu ermuntern.

4. *Vor dem Schreiben:* Form und Inhalt zusammenfügen; es ist sehr wichtig, die Quinessenz zu finden: welche Beobachtungen sind wichtig? Welche brauche ich als sinnliche Belege, welche als Stimmungsbilder für den Gesamtausdruck? Was dient als roter Faden? Die Antwort auf solche Fragen erleichert die Gliederung des Stoffes. Was die geschriebene Reportage vermitteln wird, hängt sehr stark von der Materialauswahl, Materialgliederung und Materialgewichtung ab, für die sich der Reporter entscheidet, bevor er mit dem Schreiben anfängt.
5. *Die Stimmigkeit:* das beschaffte Material, die von dem Reporter gewollte Quintessenz und die sprachliche Form der Reportage müssen einander entsprechen
6. *Der Aufbau der Geschichte:* sehr wichtig für die Stimmigkeit einer Reportage ist der Aufbau bzw. die Gliederung des Stoffes. Entscheidend ist das Formgefühl des Reporters.

Als sprachliche Gestaltungsmittel, um einen Sachverhalt authentisch und lebendig zu machen, dienen folgende Elemente:

- der szenische Einstieg („in medias res“) – alles hängt vom Einstieg ab: er sollte die Leser mitten ins Geschehen stellen, wo sich etwas Erzählenswertes ereignet; freilich kann der Einstieg auch einen neugierig machenden Kontrast herstellen oder mit Gegensätzen arbeiten.
- die Pointe am Schluß
- das Personalisieren von Ereignissen
- direkte Rede
- syntaktische Kürze
- ausdrucksstarke Lexik (besonders Verben und Adjektive)
- Detaillierung (Zoom-Effekt)
- Bildhaftigkeit (Metaphern)
- Einfließenlassen von Insiderkenntnissen

Die Lebhaftigkeit der Reportage wird auch durch folgende Elemente geschaffen:

- Wechsel der Perspektiven (Einzelheiten und Allgemeines)
- Wechsel im Tempus und im Tempo (Perfekt und Imperfekt; Präsens und Futur)
- Wechsel in der Aktualität (akute Aktualität – latente Aktualität)
- Wechsel in den formalen Mitteln (Erlebnisbericht, Zitat, Dokumentation)

Einige Beispiele:

1. Zwischen Sushi und Shinkansen; Als Tourist in Japan

Es erschien mir immer wie ein Gemeinplatz, dass Japan dem Europäer fremd ist, nämlich wirklich fremd. Doch dieser Gemeinplatz hat seine volle Berechtigung. Die Tatsache, dass die Japaner sich nach dem Zweiten Weltkrieg US-Einflüssen gegenüber offen zeigten, kann den Eindruck erwecken, es handle sich um eine Zivilisation westlichen Zuschnitts. Doch das stimmt nur an der Oberfläche. Unter der weltoffenen Fassade verbergen sich Jahrhunderte alte Traditionen, deren Verständnis sich dem Fremden auch nach jahrelangem Aufenthalt im Land noch verschließt. Japaner ordnen dem Wohl der Gemeinschaft alles unter - der Familie, der Firma, mit der man sich in hierzulande unüblicher Weise identifiziert, oder dem Staat. Besonders deutlich wird die unterschiedliche Einstellung zu Gemeinwesen und Individuum bei einer Übernachtung in einem so genannten Kapselhotel. Kaum jemand kann Englisch. Es war spät am Abend, ich hatte zur Abwechslung Sushi gegessen, die einzige vertraute Ernährung, abgesehen von den auch in Japan allgegen- und widerwärtigen McFastFood-Lokalen. Ich befand mich am riesigen Hauptbahnhof von Tokio und suchte verzweifelt nach einer Unterkunft für die Nacht. Sie sollte nach Möglichkeit nicht weit entfernt vom Bahnhof liegen, da ich für den nächsten Tag bereits einen Sitzplatz im Shinkansen reserviert hatte, jenem japanischen Superschnellzug, der mit mehr als 300 km/h die großen Städte des Landes miteinander verbindet. Der Zug fuhr sehr zeitig, frühes Aufstehen war daher erforderlich, ein kurzer Anreiseweg wünschenswert.

Und hier ist ein kurzer Exkurs über die Schwierigkeit bzw. die Unmöglichkeit für einen Ausländer, sich in Japan zurechtzufinden, sofern er nicht Sprache und vor allem Schrift beherrscht, notwendig: Straßenschilder und Wegweiser sind meist nur in japanischen bzw. chinesischen Zeichen beschriftet, dem unbedarften Touristen bleiben sie ein Buch mit sieben Siegeln. Auch das Fragen von Passanten gestaltet sich überaus schwierig, da Japaner kaum oder gar nicht Englisch sprechen. Der Versuch, ihre Sprache aus einem Sprachführer abzulesen, scheitert häufig an einer einzigen falschen Betonung, die dem Wort einen völlig anderen Sinn gibt oder einen solchen gar nicht erst aufkommen lässt. Immerhin sind sich alle Beteiligten des Problems bewusst, die Kommunikation wird daher von vielen Gesten und Handbewegungen begleitet. Manchmal ertappte ich mich beim Versuch, Zustimmung mit japanisch klingenden Lauten auszudrücken. Ich hatte Glück, ein freundlicher Polizist verstand meinen Wunsch und zeigte mir den Weg zum nächsten günstigen "Kapselhotel". Diese typisch japanische Einrichtung verdankt ihren Namen der Tatsache, dass dem Gast kein Zimmer, sondern nur ein gerade ein Bett umfassender Alkoven zur Verfügung steht. Da ringsherum aus Platzgründen möglichst viele weitere solcher Einheiten angeordnet sind, entsteht der Eindruck von "Kapseln".

Die Idee der Kapselhotels hatte mich fasziniert, seit ich das erste Mal davon gehört hatte. Als ich eine Japanerin dazu befragte, erntete ich nur ungläubiges Gelächter. Das könne doch nicht mein Ernst sein, das sei doch nur eine Notlösung für weit außerhalb der Stadt wohnende Pendler, die nach einer ausgiebigen Zechtour den letzten Abendzug versäumt haben. Eine reine Verlegenheitslösung, jedenfalls keine Option für westliche Ausländer, die Japan naturgemäß nur von der attraktivsten Seite kennenlernen sollten. Zweiter Exkurs: Mit den so genannten "Love Hotels" hat Japan noch eine weitere Hotellerie-Innovation hervor gebracht. Sie erwecken die Illusion, sich in einem Märchenschloss, einem Luxusdampfer oder einem Raumschiff zu befinden. Alles darin ist auf die Lustbefriedigung der Gäste ausgerichtet, die sich hier ihre geheimsten Wünsche erfüllen sollen. Drehbare Massagebetten, Spiegel oder Videokameras sollen dazu beitragen, aber auch Videospiele oder Karaoke-Anlagen. Dennoch ist die Sache keineswegs anrüchig, sondern vor allem Ehepaare gönnen sich hier ungestörte Stunden gegenseitiger Zuwendung, für die sie in den hellhörigen Wänden keine Gelegenheit

haben.
Zurück zum "kapuseru hoteru", wie die Japaner "capsule hotel" aussprechen, und das ich ohne Hilfe nie gefunden hätte. Die bläuliche japanische Neonschrift ließ für einen Europäer keinerlei Rückschlüsse auf die Funktion des Gebäudes zu. Der Eingang war verborgen hinter einer bunten Ansammlung hell erleuchteter Getränke- und Snack-Automaten. Sie waren bestückt mit allen erdenklichen Arten von Getränkedosen, -flaschen und -packungen, von Erfrischungsgetränken über Legionen von Sojamilch-Abarten bis zu einer unvorstellbaren Vielfalt von Grüntee-Mixgetränken mit Fruchtbeimischung.
Auch Bier-Automaten gibt es, aber leider sind sie meistens so intelligent, dass sie - einem nicht nachvollziehbarem Gesetz folgend - nach 22 Uhr keine Dosen mehr ausspucken mit Sorten wie Kirin, Sapporo oder Asahi - also gerade zu jener Zeit, wo man solch flüssigen Zuspruchs fern der Heimat am stärksten bedarf. Hopfendurstige finden dann nur noch Trost in länger geöffneten kleinen Selbstbedienungsläden.
Der Nachtportier des Kapselhotels sprach erstaunlich gut Englisch und gehörte damit zu einer Minderheit in Japan. Zwar erhält jeder Schüler Englischunterricht, aber das Resultat lässt sehr zu wünschen übrig. Für Schulabgänger ist Englisch eine kaum lebendigere Sprache als bei unseren Gymnasiasten Latein oder Altgriechisch.
Mein Quartier befand sich im vierten Stock, Kapsel 459. Die an einen Sarg erinnernden Schlaf-"Waben" waren wie Stockbetten jeweils in Zweiergruppen übereinander angeordnet. Der Schlüssel sperrte nicht etwa das Schlafbehältnis, sondern lediglich den schmalen Spind daneben, in dem gerade der Rucksack Platz hatte. Für mehr Gepäck ist hier kein Platz, sind "kapuseru hoteru" doch nicht für Reisende gedacht, sondern für übrig gebliebene Pendler oder zunehmend auch für Geschäftsreisende, deren Firmen sparen.
Im Spind ist auch die Kleidung unterzubringen, insbesondere die Straßenschuhe, die gegen bereitstehende Hauspatschen umgetauscht werden. Diese sind dem ausgewachsenen Mitteleuropäer meist zu eng und klein. Statt Hemd und Hose trägt man im traditionellen japanischen Hotel ein leichtes, sehr bequemes blau-weiß gemustertes Nachthemd. Bis zuletzt blieb mir freilich unklar, wie weit darunter noch etwas getragen wird.

Duschen und Waschräume befanden sich im Keller, im Erdgeschoss gab es ein Gemeinschaftsbadebecken mit Sauna. Aus nahe liegenden Gründen kann sich nicht jeder Kapselbewohner auf einer eigenen Toilette ausbreiten, sondern allen Bewohnern einer Etage steht dafür ein gemeinsamer Raum zur Verfügung. Auch die WCs darin - jedes separat abschließbar, das schon waren japanischer Art: In den Boden eingelassen ein etwa 100 x 20 cm messendes Bassin, über dem sich der Gast hockend niederlassen und sich dank seines luftigen Hemdchens bequem dem Stoffwechsel widmen kann, ohne irgendetwas zu berühren. Und beim Betätigen der Spülung lässt eine ausgeklügelte Leitungsführung das Wasser zuerst durch ein Waschbecken rinnen. Frauen haben zu diesen Hotels übrigens mit wenigen Ausnahmen keinen Zutritt. Keinesfalls vergessen darf der Gast, vor dem Toilettenbesuch seine Hauspantoffeln in die eigens im Lokus bereitstehenden Toilettenschlapfen umzutauschen - und nach vollbrachter Tat dasselbe wieder zurück. Ahnungslose Reisende lösen auch bei höflichen Gastgebern regelrechte Lachgewitter aus, wenn sie in den falschen Hausschuhen erscheinen.

Dass mir diese Peinlichkeit erspart blieb, lag nur an der gerade schwachen Auslastung des Hotels. So hatte ich die Toiletten ebenso wie die Waschräume im Keller für mich alleine. Eine lange Spiegelwand mit zahllosen Rasiermöglichkeiten machte ebenso wie ungenutzte Automatenspiele einen verwaisten, ja sogar leicht gespenstischen Eindruck. Bei Vollbetrieb herrscht hier wohl Kasernenstimmung. In meinem gesamten Stockwerk gab es nur vier andere Mitbewohner, die ich nie sah, sondern die sich lediglich durch abgestellte Schuhe und später durch Schlafgeräusche bemerkbar machten. Da der Einstieg in die "Kapsel" nur durch einen Vorhang verschließbar ist, gibt es keine wirkliche Diskretion, jeder hört zumindest mit, was der andere gerade unternimmt. So gesehen ist auch der am Fußende der Schlafnische angebrachte Fernseher alles andere als ein Schlafmittel. Weil weder ich noch meine Mitbewohner Lust oder Münzen für den Automatenfernseher hatten, versank ich bald in einen herrlichen Schlaf. Kein Gefühl von Beengung in der Zelle, sogar Umdrehen war problemlos möglich. Mein bestellter Weckruf am nächsten Morgen muss freilich auch die übrigen Schläfer geweckt haben. Japanisches Frühstück ist nicht jedermanns Sache, weil es viele - dem europäischen Gaumen für die Tageszeit ungewohnte - Geschmacksrichtungen aufweist. Süß ist dabei gar nichts, höchstens das Lächeln der Kimonoträgerinnen, die in besseren Häusern schwarze und rote Tiegelchen vor dem Gast aufbauen. Er kann daraus Gemüse- und Fischstücke rätselhafter Zubereitungsart fischen - stilgerecht mit Stäbchen, versteht sich. Sauer, salzig, gemüsig, fleischig und fischig schmecken die Häppchen. Wirklich vertraut war mir nur der klebrige Reis als Beilage. Er ist noch mit einem Algenplättchen zu umwickeln, was der frühen Tageszeit gewisse motorische Fähigkeiten abverlangt. Als Muntermachergetränk wird grüner Tee serviert, ohne Zucker. Wieder am Bahnhof: Wie in England warten geduldige Schlangen am Bahnsteig auf den Zug. Viele haben noch rasch eine bento-box gekauft, jene Urform des Fastfood, die auf kleinstem Raum verschiedene Köstlichkeiten beinhaltet. Jede Region hat ihre eigenen Zug-Bento-Spezialitäten, die sogar in den Kursbüchern der Bahn vermerkt sind. Der superschnelle Shinkansen fährt zunächst sanft an, aber bald schon drückt die Beschleunigung die Fahrgäste stärker in die Sitze. Immer schneller sausen Häuser, Autobahnen, Neonreklamen am Fenster vorbei, bis sich auch der mittlerweile schwindlig gewordene Tourist seiner Bentobox zuwendet . . .

(Wienerzeitung: 28.06.2002)

2. Eine Muschel als letzte Hoffnung

Phuket im Süden Thailands, zwei Tage nach der schlimmsten Katastrophe seiner Geschichte: "So ist der Mensch wohl – er denkt, er sei unangreifbar." Eine Frau sucht ihren Sohn, ein Mann trauert um Freunde, und ein Paar findet sich wieder – Begegnung mit Überlebenden, deren Welt für immer aus den Fugen geraten ist.

„So ist der Mensch wohl", sagt der Mann aus Konstanz, der drei Freunde verloren hat, „er denkt, er sei unangreifbar." Er wirft sich seine in einem großen Reissack verstauten Habseligkeiten über die Schulter. Schweigt.

Weihnachten feierten sie dieses Jahr am Strand, die junge Frau aus Stuttgart und ihre Freunde, bei der „Happy Lagune", wo sie abends immer ein paar Stühle und einen Tisch in den Sand stellten und man unter den Sternen von einer offenen Garküche aus bedient wurde. Sogar an einen Weihnachtsbaum hatte Andrea Leger gedacht: eine kleine Tanne aus Papier, die man 24 Stunden vorher mit „Zauberwasser" beträufeln musste, und die dann zu Zwergtannengröße aufquoll. Aus dem tragbaren CD-Spieler drangen Weihnachtslieder: Luciano Pavarotti und Patricia Kaas im Duett. Es gab Bescherung für die Kinder.

Andrea Leger arbeitet als Flugbegleiterin, seit vier Jahren schon kommt sie mit ihrem kleinen Sohn Tim hierher an den Strand von Khao Lak, der flach und sanft ins Meer hinein führt, wie geschaffen für Kinder. „Tim hat gerade schwimmen gelernt", erzählt sie. An diesem Heiligen Abend durfte Tim im Sand von Khaolak die Spiderman-Figur auspacken, die er sich schon so lange gewünscht hatte, und zwei Bücher, Einstimmung auf die Einschulung im nächsten Jahr. Tim selbst hatte auch ein Geschenk: für die zehnjährige Sophia. Er war nämlich ein klein wenig verliebt in sie. Später schenkte Tim auch der Mutter etwas: eine kleine Muschel.

Von allen Dingen hat Andrea Leger dies gerettet: eine Muschel mit blauem Hut und rotem Rand, der am flachen Ende ein Stück herausgebrochen ist.

Als vor der Küste von Indonesien um neun Uhr morgens die Erde bebt, da maunzt in einem der Strandbungalows von Khao Lak eine schläfrige Deutsche ihren Mann an, er solle sich bitteschön nicht so im Bett herumwälzen. Keine Stunde später kommt das Wasser. Manche haben geschrieben von einer Monsterwelle, die über die Insel Phuket hereingebrochen sei, von einer Riesenwand, der sich die Menschen mit einem Mal gegenübergesehen hätten. Aber so war es nicht, erzählen die, die überlebt haben. Das Meer ist einfach angeschwollen, der Ozean hat sich gehoben, hat sich Land geholt, von dem die Menschen so fest glaubten, es sei ihres, dass sich noch jetzt Verblüffung mischt in all ihre Geschichten von Furcht und Trauer. „Wo vorher kein Wasser war, war plötzlich Wasser", erzählt einer. So einfach war das. So tödlich. Zwei Meter, vier Meter, sechs Meter hoch: Wasser. Unter blauem Himmel und strahlender Sonne. Rasend schnell ging das alles – mit der Kraft einer Wassersäule, die mit der Geschwindigkeit eines Jumbo-Jets, aber tückischweise nur mit winzigem Wellenkamm den Ozean durchquert und dann auf Grund läuft.

Wie erlebten es die Menschen, als der Tsunami Thailand traf?

Ein junger Deutscher, der in einer Hütte am Bangniang-Strand lebte, lag mit Freunden im Swimmingpool, als er plötzlich Wasser auf sich zukommen sah: „Ich dachte zuerst, das sei ein Rohrbruch."

Der Brite Paul Andrews ritt die Welle– und hätte es beinahe nicht gemerkt: Er saß im Steuerraum einer 55-Meter-Yacht, die 800 Meter vor der Küste Phukets ankerte, und als die erste Welle unter dem Schiff durchrollte, da schaukelte die Yacht lediglich ein wenig. Er merkte allerdings, was dann folgte, als die Welle sich zurückzog: „Wir ankerten in neun Meter Wasserhöhe und fielen mit einem Mal auf zwei Meter Wasserhöhe ab. Und das Land war plötzlich nur noch 50 Meter entfernt." Er warf den Motor an, die Yacht rettete sich aufs offene Meer: ein Ort, sicherer als der Strand an diesem Tag.

Der Konstanzer Jochen Zeidler stand mit Freunden am Strand und beobachtete, wie sich Thai-Fischerleute zankten, weil ihre Boote plötzlich auf dem Trockenen lagen. Mit einem Mal, sagt er, habe sich das Meer rasend schnell zurückgezogen. „Als habe einer den Stöpsel in der Badewanne gezogen." Lauf! Hol' den Fotoapparat, rief ihm sein Freund zu. Und er lief, um den Apparat zu holen.

Ein deutsches Mädchen stand mit dem Gesicht zum Meer, als das Wasser kam. Lauf!, habe sie ihrem Freund zugerufen, erzählte sie später deutschen Botschaftsangehören. Das

Wasser! Der Freund stand mit dem Rücken zum Meer, dachte, sie mache einen Scherz, lachte. Und lief nicht.

Ein anderer Deutscher und seine Tochter lagen auf ihren Betten, als das Wasser den Bungalow traf. Sie wurden gegen die Decke gedrückt. Durchschlugen das Dach aus Eternit. „Als nächstes weiß ich nur noch, wie die Wellen mich zweimal hinaus und wieder zurückgetragen haben. Dann bekam ich einen Baum zu fassen."

Die Flugbegleiterin Andrea Leger war auf dem Weg zum Markt. Ihren fünfjährigen Sohn hatte sie zuvor bei Freunden gelassen, in einem anderen Strandhotel. „Plötzlich", erzählt sie, „kamen Autos und Häuser auf uns zugeschwommen, in einer großen braunen Suppe. Die Thai schrien alle: ‚rennt, rennt!' Also rannten wir." Sie rannten weit, dann nahmen Thai sie mit, auf der Ladefläche ihres Wagens. Hoch, bloß hoch. In die Berge. Bei einem Wasserfall sammelten sich ein paar, saßen da, stundenlang. Wussten weder, was war, noch was tun. Und vor allem nicht: Was war mit den Freunden?

Und was war mit Tim? Zurück trauten sie sich lange nicht. Immer neue Gerüchte wurden erzählt, von Nachfolgewellen, die erwartet wurden, so hoch wie ein Hochhaus. Ein Bekannter wagte sich schließlich hinab. Und brachte schlechte Kunde: Der Strand von Khao Lak war weg. „Nichts. Da steht nichts mehr. Unser Hotel war aus Steinen erbaut, auch das liegt in Trümmern. Die Palmen, die stehen da noch – aber den Strand dazu, den gibt es nicht mehr." Stattdessen waren dort Leichen in Bäumen.

Die Kinder? Tims Freund Paul wurde auf dem Wasser paddelnd gefunden. Auch Sophia wurde gerettet. Von Tims Freund Theo fehlt bislang jede Spur. So wie auch von Tim.

Im Garten und in den Gebäuden des Gemeindezentrums von Phuket-Stadt ist eine Notfallzentrale eingerichtet. Hierher kommen sie alle, die sich gerettet haben, mit nicht viel mehr als der Badehose am Leib. Sie kommen von den besonders schwer betroffenen Flecken wie dem Patong-Strand, eben noch die Partymeile Phukets, sie kommen von dem nördlicher gelegenen Kamala-Strand, dem völlig zerstörten Eiland Ko Phi-Phi oder eben von Khao Lak, dem bei Deutschen so beliebten Urlaubsgebiet nördlich von Phuket, wo Tim und Andrea Leger den deutschen Winter aussitzen wollten. Geld und Pass haben hier die wenigsten. Listen von Vermissten hängen aus, von denen, die im Krankenhaus liegen, Bilder von Ertrunkenen und Erschlagenen, zur Indentifikation. Helfer verteilen Wasser,

Bananen, Melonen, Pizza, freundliche thailändische Studenten übersetzen: deutsch, englisch, französisch.

Andrea Leger hat sich hier gemeldet: Sie hilft mit am Tisch der Deutschen Botschaft, Namen aufnehmen, Ersatzdokumente beantragen. Auskunft erteilen, trösten. Schon auf dem Fluchtberg über Khao Lak wollte sie nicht einfach abwarten, dort schon hatte sie begonnen, Listen zu erstellen. „Ständig werden neue Verletzte angekarrt, bestimmt liegen noch viele in den Bergen oder anderswo und warten auf Hilfe.“ Sie ist schließlich Flugbegleiterin, trainiert für das Verhalten im Katastrophenfall. „Zum Nachdenken“, sagt sie, „bin ich nicht mehr gekommen, seitdem ich begann, um mein Leben zu rennen.“ Vielleicht könnte man auch sagen, sie hat es noch nicht zum Nachdenken kommen lassen, seitdem sie ihren Sohn vermisst.

Die Hilfe ist schnell und unbürokratisch hier im Rettungszentrum, doch an verlässliche Informationen zu kommen, ist schwer. Aber was bedeuten diesen Menschen, die es hier anschwemmt, Zahlen und Statistiken schon? Gerüchte von neuen Flutwellen machen die Runde. Von Leichenbergen auf Phi Phi, die noch nicht abtransportiert seien, erzählt der Yacht-Steuermann. Und die Menschen reden von sich selbst. Von Autos, die es in ihre Hotellobby geschwemmt habe, von den Hausdächern, auf denen sie standen. Ein Österreicher erzählt, wie er sich inmitten der Flut an einen Pfosten geklammert hatte, während seine Frau sich an ihm festhielt. Und ans Bikinioberteil seiner Frau, da klammerte sich verzweifelt noch ein Dritter, der beleibte Nachbar, der nicht schwimmen konnte. Der Bikini riss, der Nachbar trieb weg. „Ehrlich gesagt“, beichtet der Österreicher, „meine Frau hat gebetet: Wann reißt endlich der Bikini, der Mann drückt mir ja die ganze Luft ab.“

Wilfried Scheyling aus dem Schwarzwald spricht ganz leise. Von seiner Frau, die den Tsunami überlebt hat. Um am Tag darauf im Krankenhaus zu sterben: an einer Blutvergiftung. Nachdem sich stundenlang keiner um sie gekümmert habe, sagt er, auch nicht die Deutsche Botschaft in Bangkok. Trauer schwingt da mit, und Groll. Nun organisiert er einen Sarg. Und die Abholung durch ein Bestattungsunternehmen am Flughafen Frankfurt, am nächsten Morgen. Andere erzählen dankbar von den vielen Thailändern, die ihnen Geld, Kleider und Unterschlupf schenkten. Das darf man nicht

vergessen: dass der Tsunami auch im Touristenparadies Phuket die meisten Opfer unter der lokalen Bevölkerung forderte.
Unter den Reisenden immer wieder: großer Unglauben. Darüber, dass die Natur noch solche Gewalten bereit hält – für uns! Dass der Mensch die Welt doch noch nicht völlig domestiziert hat. „Wir haben nicht alles im Griff", sagt Jochen Zeidler aus Konstanz. Die Katastrophe ist eingebrochen in gleich zwei der heiligsten Refugien, die sich der moderne westliche Mensch geschaffen hat: Weihnachten und Urlaub. Phuket ist seit mehr als einem Jahrzehnt deutsches Traumland: Palmen, Sonnen und Strände wie von der Postkarte in den Indischen Ozean gesprungen – und um die Idylle perfekt zu machen: deutsche Bäcker, deutsche Metzger und deutsche Rechtsanwälte dazu. Ein Mallorca in Asien. Mit billigem Sex für die einen und Elefantenritten für die anderen. Weihnachten bei mehr als 30 Grad. Im Royal Phuket City Hotel verkaufen sie in diesen Tagen Zimtsterne für die Deutschen und Christmas Pudding für die Briten.
Jochen Zeidler ging früher immer nach Südamerika. „Das wurde mir dann zu gefährlich." Zum sechsten Mal ist er nun auf Phuket. „Die Seele baumeln lassen. Fischen, grillen, lesen." Immer im gleichen Resort: den Bird Beach Bungalows am Kamala-Strand. Bielefeld, Köln, München – die Strandbewohner kannten sich. In Kamala sieht man heute aufgeschlitzte, aufgebrochene Häuser, aus denen Palmwedel, Seegräser und Stromleitungen wie Gedärme herausquellen. Ein Schild an einem Baumstamm: „Bar open." Die Bar dazu gibt es nicht mehr.
Jochen Zeidlers Zimmer im ersten Stock ist noch wie unberührt, im Bungalow gegenüber hat es ein Auto in die Veranda gedrückt. Das Mädchen aus dem Zimmer darunter ist verschwunden. Jochen Zeidler ist der Mann mit dem Reissack. Nicht, weil er keinen Koffer mehr hätte: „Aber wenn die nächste Welle kommt, bin ich mit einem Reissack schneller", hatte er gesagt, als wir ihn das erste Mal trafen, weit im Landesinneren. Jochen Zeidler zeigt Fotos: vor dem Unglück. „Der hier hat sich die Hand gebrochen."– „Und die hat ihre Mutter verloren." Drei seiner Bekannten sind tot. Über sich selbst sagt er: „Ich feierte am Sonntag meinen zweiten Geburtstag." Das nächste Foto zeigte den Mond über den Palmen. Ein Idyll, dem zu diesem Zeitpunkt noch zehn Stunden blieben.
Im Gemeindezentrum hat Andrea Leger die Hand eines alten Mannes genommen. „Wir wurden getrennt", sagt der tonlos. „Ich habe mich noch an einem Auto festkrallen

können." Andrea Leger erzählt dem Mann die Geschichte von Jens, mit dem sie die Nacht auf dem Berg verbrachte. Auch solche Geschichten gibt es hier heute: Zwei Tage waren Jens und seine Familie getrennt, jetzt, vor zehn Minuten, kam die Frau mit zwei Kindern ins Zentrum, völlig aufgelöst. Andrea Leger sah den Nachnamen, stutzte, fragte: „Heißt ihr Mann etwa Jens?" Die Frau begann zu weinen. Er war es. „Mir kam die Gänsehaut", sagt Andrea Leger. Und dann, zu dem alten Mann: „Geben Sie die Hoffnung nicht auf!"

Sie öffnet ihre linke Hand. Zum Vorschein kommt die kleine Muschel, die an der Spitze beschädigt ist: „Das ist die Muschel meines Sohnes. So lange ich die in der Hand habe, so lange lebt er."

(Süddeutsche Zeitung - 28.12.2004 - von Kai Strittmatter)

Fragen:

1.Wie werden die persönlichen Erlebnisse zum Vorschein gebracht?

2. Wie ist die Reportage gebaut?

3. Erläutern sie die Art der Reportage.

4. Wie wird die Lebhaftigkeit der Reportage geschaffen?

Kapitel IV - DAS FEATURE

Das Feature ist eine noch sehr junge Textsorte, die erst nach 1945 durch die Alliierten nach Deutschland gebracht wurde. „Feature“ heißt wörtlich „Gesichtszug“, „charakteristischer Zug“ oder „wesentliches Merkmal“. Das Feature ist eigentich eine auf einen Gesichtspunkt zugespitzte Reportage. Es möchte abstrakte Sachverhalte ins Konkrete der Alltagserfahrung übertragen. Der Autor muss reale Stoffe emotional gestalten. Features sind bunte, farbige und lebhafte Texte.

Feature ist ein Sammelbegriff für Verfahren, mit denen ein komplexes, abstraktes Thema durch sprachliche Effekte belebt und den Lesern nähergebracht werden kann. Somit ist der Journalist nicht nur ein zuverlässiger Informant (wie beim Bericht) oder aufmerksamer Augenzeuge (wie bei der Reportage), sondern als geschickter Vermittler gefragt. Der Journalist soll schwierige Themen erklären, interpretieren und zum Weiterdenken anregen.

Das Feature ist dramaturgisch kunstvoll gestaltet, sein charakteristisches Formprinzip ist die Montage. Jede Kombinationen von Kommentare, Dialoge, unterschiedliche Erzählebenen und Sprachstile sind möglich.

Viele Stilmittel des Features sind der Reportage entlehnt:

- Originelle Überschriften (auch mit Rätselstruktur) – ein guter Anfang macht neugierig
- Anekdoten
- Einstieg
- Direkte Rede
- Das Übersetzen von Fachlexik in Alltagssprache
- Eine einfühlsame Beschreibung von Stimmungen
- Schilderung von Schlussfolgerungen
- Wechsel der Perspektive und der Aktualität

Der Unterschied zur Reportage ist folgender: das Feature lebt von Alltagserfahrungen und bezweckt das Anschaulichmachen abstrakter Sachverhalte. Die Reportage ermöglicht das Teilnehmen an das Geschehen.

In einem Feature interessieren die Einzelfälle nur als Prototypen.

Einige Merkmale des Features:

Aufbau: komplex

Überschrift: meist zwei, die erste frei, die zweite sachlich

Syntax: elaboriert, komplexe Sätze

Themen: oft aus der Politik, Wirtschaft, Wissenschaft

Kapitel V - DER LEITARTIKEL

Der Leitartikel ist die Quintessenz oder „die Flagge“ der Zeitung, eine Kundgebung der Redaktion. Er ist der „Aufmacher“ einer Zeitung, steht fast immer auf der ersten Seite mit einer großen Überschrift und meist auch mit einem Foto. Die größeren Abonnementzeitungen veröffentlichen in jeder Nummer einen Leitartikel. Zeitungen, die den Leitartikel immer auf der ersten Seite bringen, glauben damit eine stärkere Wirkung zu erzielen.

In der Regel ist der Leitartikel länger als ein Kommentar. Er vermittelt dem Leser den Standpunkt der Zeitung zu einem Thema. Das Thema muss nicht umbedingt tagesaktuell sein. Welchen Sachverhalt die Redaktion für den Leitartikel auswählt, bleibt ihr selbst überlassen. Dies richtet sich nach dem Typus der Zeitung. Aus diesem Grund ist es möglich, dass ein Lokalblatt und eine national verbreitete Zeitung unterschiedliche Themen für den Leitartikel des gleichen Tages auswählen. Die Entscheidung fällt in der Redaktion. Am Ende steht für den Leser eine Schlussfolgerung nach dem Muster „entweder-oder“.

In der rumänischen Presse gibt es einen sogenannten „articol de fond“ und einen „editorial“ und der Leitartikel wäre eine Mischung zwischen diesen.

Ein Beispiel:

1. Im Reich des Phantastischen

Die Liste der zehn erfolgreichsten Filme der Gegenwart verzeichnet zweimal „Star Wars“, zweimal „Harry Potter“ und zweimal „Herr der Ringe“. Dabei wird es nicht bleiben: Der dritte Teil der „Ringe“-Trilogie dürfte sich bald dazugesellen.

Die Liste verrät viel über den Zustand der Unterhaltungsindustrie – und, wenn man weiterdenkt, auch einiges über den Zustand der Welt. Es ist die Liste der zehn erfolgreichsten Filme der Gegenwart, zusammengerechnet aus den Einspielergebnissen aller Länder. Zweimal taucht „Star Wars" darin auf, zweimal „Harry Potter" und zweimal „Herr der Ringe". Dabei wird es nicht bleiben: Der dritte Teil der „Ringe"-Trilogie, der diesen Donnerstag startet, dürfte sich bald dazugesellen, genau wie die nächste „Harry-Potter"-Folge, die im Juni 2004 in die Kinos kommen soll. Was aber bedeuten diese enormen Erfolge? Sie zeigen die Wirksamkeit der Medien- und Marketing-Maschinerie aus Hollywood, lautet die gängigste Antwort. Diese Erklärung bleibt jedoch unvollständig. Sie unterschlägt wichtige Gemeinsamkeiten in den Geschichten selbst, die gerade jetzt immer deutlicher zutage treten.

All diese Werke sind epische Erzählungen mit guten und bösen Zauberern, Monstern, Prinzessinnen, tapferen Kriegern und Königssöhnen. Es geht immer darum, eine dunkle Bedrohung abzuwehren und dem Guten zum Sieg zu verhelfen – ganz gleich, ob die Geschichten im Weltraum einer fernen Zukunft spielen, in einem Sagenreich namens Mittelerde oder in einer Parallelwelt, die neben der Gegenwart existiert, normalen Menschen aber unzugänglich bleibt.

Manchmal heißen die Zauberer nicht Zauberer, sondern Jedi-Ritter. Manchmal wissen die jugendlichen Helden noch nichts von ihrer Geburt oder ihrer Bestimmung, manchmal werden ein paar pseudowissenschaftliche Erklärungen nachgereicht. Aber das ändert nichts daran, dass diese Erfolgsgeschichten im Reich des Phantastischen spielen – oder, in der Sprache Hollywoods, im weitesten Sinn zum Genre „Fantasy" gezählt werden.

Was die Zuschauer daran fasziniert, gerade in diesen Zeiten, ist nicht einfach zu sagen. Eine erste Erklärung könnte sein, dass im Bereich des Phantastischen viele Hemmungen wegfallen, die in realistischen Geschichten eine Rolle spielen: Elfen sind natürlich schneeweiß und werden durch den Weichzeichner betrachtet – man soll auf den ersten Blick sehen, dass sie zu den Guten und Reinen gehören.

Die Armeen des Bösen dagegen sind gesichtslos; sie bestehen aus eintönig uniformierten Klonen oder schrecklich entstellten, waffenstarrenden Monstern.

Der Betrachter braucht nichts dabei zu fühlen, wenn diese Gestalten massenhaft abgeschlachtet werden – selbstverständlich im Dienst der großen und gerechten Sache. Teilen Millionen von Zuschauern und Fans das martialische, nicht ungefährliche Weltbild, das hier verbreitet wird?

Wohl kaum. Aber man kann auch nicht leugnen, dass damit zutiefst archaische Gefühle geweckt werden, denen die Zuschauer sich zurzeit wieder begeistert hingeben.

Es ist die Jugend der westlichen Industriegesellschaften, die sich in diesen Filmen verliert, die mit Hobbits, Elben und Zauberern gegen das Böse kämpft und den globalen Erfolg erst möglich macht. Dieselbe Jugend aber versammelt sich, wenn in der Realität ein Krieg von Gut gegen Böse ausgerufen wird, zu den größten Antikriegs-Demonstrationen der Geschichte.

Das ist nur scheinbar ein Widerspruch.

Gerade am dritten Teil von „Herr der Ringe“, der im Grunde aus einer einzigen Schlacht besteht, kann die aktuelle Funktion dieser Erzählungen deutlich werden: Sollte nämlich unter jungen Menschen noch Bedarf bestehen, die Welt in ein einfaches Schwarz-Weiß-Schema einzuteilen, rassistischen Hassgefühlen freien Lauf zu lassen und eine Art Kreuzzug für den eigenen „Way of Life“ zu führen, dann ist dieser Bedarf nach drei Stunden „Herr der Ringe“ erst einmal gedeckt. Archaische Instinkte, gerechte Kriege – der Erfolg der großen Fantasy-Erzählungen zeigt am Ende, dass es nur noch einen legitimen Ort dafür gibt: dicke Romane und überlange Kinofilme.

Ein drittes Kriterium des Erfolgs liegt noch tiefer versteckt im menschlichen Unbewussten. In seiner monumentalen Geschichte der Mythen hat der amerikanische Forscher Joseph Campbell nachgewiesen, dass alle Erzählungen unserer Spezies, die je an Lagerfeuern erzählt oder in Höhlenwände geritzt wurden, auf ähnlichen Grundmustern beruhen – vom Gilgamesch-Epos über die Geschichte Buddhas bis hin zur nordischen Edda-Sage. J.R.R. Tolkien, selbst ein großer Sprach- und Mythenforscher, hat sich dieser Muster auf seine Weise bedient, als er „Der Herr der Ringe“ schrieb – genau wie George Lucas bei „Star Wars“ und Joanne K. Rowling in den „Harry Potter“-Romanen.

Der zentrale Topos, der dabei immer wieder auftaucht, ist der jugendliche Held: Am Anfang kennt er weder seine Bestimmung noch seine Kräfte, er ist eher zaghaft als mutig – aber dann wird er doch in ein gewaltiges Abenteuer hineingezogen, bei dem nicht weniger als das Schicksal der Welt in seinen Händen liegt. Dies, so scheint es, akzeptieren wir als die gültige Form der Heldengeschichte – noch immer. Und die einzige Änderung, auf die man hoffen kann, ist die: dass das nächste Fantasy-Werk, das in der

Liste der zehn erfolgreichsten Filme auftaucht, zur Abwechslung einmal eine weibliche Hauptfigur hat.

(Süddeutsche Zeitung - 17.12.2003 - TOBIAS KNIEBE)

Fragen:

1. Was für ein Foto wäre für das Thema des Leitartikels passend?

Kapitel VI - DER KOMMENTAR

In einem Kommentar werden persönliche Meinungsäußerungen zu aktuellen Tagesereignissen abgegeben. Der Kommentar ist eigentlich in jedem Ressort zu Hause, tritt aber insbesondere im Zusammenhang mit Hard-News Themen auf (Politik, Wirtschaft, Gesellschaft).

Kommentare dienen zu:

- der Erläuterung und Einordnung von Sachverhalten
- der Meinungsbildung der Leser
- der Orientierung in der „Informationsflut“
- der Veränderung von Missständen

Je nach Intention des Autors gibt es unterschiedliche Kommentartypen:

- Argumentationskommentar (Überzeugungsversuch und Plädoyer)
- Einerseits-Andererseits-Kommentar (Pro-Contra)
- Geradeauskommentar (öffentlicher Protest oder Lob ohne Alternative)

Einige Merkmale des Kommentars:

Aufbau: erst Anknüpfer an Meldung, dann Argumentation, am Ende die Beurteilung und die Bewertung

Einstieg: kurz, frei

Ausstieg: oft Pointe am Schluss oder Moral, es werden Prognosen gegeben und Forderungen ausgesprochen

Überschrift: oft nur Andeutung

Lexik: Metaphern, Phraseologismen, rethorische Figuren, bewertender Lexik

Syntax: oft Parenthesen, Ausrufe,

Stilebene: eher sachlich, oft elaborirter Stil

ZEHN REGELN FÜR DAS SCHREIBEN EINES KOMMENTARS

1. das Wichtigste sind die Fakten; Kommentare müssen auf zuverlässige Informationen gebaut werden
2. die Aktualität des Geschehens – keine überholte Kommentare
3. der Journalist soll sich vor Themen hüten, die er nicht wirklich kennt
4. man muss wissen, worauf man hinauswill; der Journalist muss alle Daten zur Hand haben (Detailkenntnis)
5. Aufpassen: welcher ist der Kern des Kommentars und was sind Nebensachen
6. der Journalist soll sich nicht zu viel vornehmen (Länge)
7. der erste Satz ist sehr wichtig; er muss Interesse wecken und den Leser zwingen, weiterzulesen
8. der rote Faden des Kommentars ist sehr wichtig (der Journalist darf nicht hin und her springen)
9. der Schluss: mit einer Pointe; oft kann man jenen Gedanken noch einmal aufgreifen, mit dem man begonnen hat („runde Sache“)
10. unbedingt anschaulich schreiben (Verben und Bilder verwenden)

Einige Beispiele:

1. Angela Bangbüx

Der Bundestags-Wahlkampf leidet daran, dass viele Wähler sich in großer Verlegenheit befinden: Sie wollen Schröder und seine SPD nicht mehr, sind aber von der CDU nicht überzeugt – und von Angela Merkel alles andere als begeistert.

Daher verfliegt die Neuwahl-Euphorie des Frühsommers; an deren Stelle tritt nun die August-Ratlosigkeit und die Befürchtung, dass Angela Merkel und die Union mit ihrem Latein schon am Ende sein könnten, bevor sie angefangen haben.

Der Unions-Wahlkampf begann nicht mit einem Tusch, sondern mit einem Dämpfer. Die Partei schleppt nun die angekündigte Mehrwertsteuer-Erhöhung durch den Wahlkampf wie einen Klotz am Bein. Das wäre vielleicht nicht so tragische, sondern als neue Ehrlichkeit gut darstellbar, wenn Angela Merkel sich als strahlende Führungspersönlichkeit präsentieren könnte. Aber das gelingt ihr nicht.
Die Kanzlerkandidatin macht keinen überzeugten Eindruck, sondern zunehmend Fehler. Die öffentliche Wirkung ihrer Fernsehduell-Drückebergerei ist desaströs.

Prä-elektorale Tristesse

Solche Hasenherzigkeit weckt das Gefühl der Enttäuschung, das üblicherweise erst etliche Monate nach einer Neuwahl eintritt, schon vorher. Es herrscht in Deutschland prä-elektorale Tristesse. Und in dieser Tristesse entstehen Fragen: Womöglich ist die politische Potenz dieser Frau doch nur Präpotenz? Womöglich ist sie in prekären Momenten doch nur das, was man im Norden „Bangbüx“ und im Süden „Trauminet“ nennt? Womöglich hat Angela Merkel doch nicht das Format, das man sich an der Spitze der Regierung wünscht?
Womöglich sind die Gaben, die gereicht haben, einen Wolfgang Schäuble anzusägen und Friedrich Merz kaltzustellen, doch nicht ausreichend, um auch ein Land zu regieren und es auf internationaler Bühne gut zu vertreten? Womöglich hat also der allgemeine Überdruss an Kanzler Schröder und an seiner Regierung den Menschen dieser Republick die Fata Morgana einer viel besseren Regierung als der gegenwärtigen vorgegaukelt? Je näher man nun dem Wahltermin kommt, umso deutlicher stellt sich womöglich heraus, dass man einer optischen Täuschung aufgesessen ist.

Wenn es so weitergeht, wird auch die Union nicht gewinnen

Von nichtssagenden oder verpatzten Interviews, gewinnt der amtierende Kanzler allenthalben schon wieder an Respekt. Das dreht die politische Stimmung im Lande nicht um.
Aber es tritt an die Stelle des ersten Hauptsatzes über den aktuellen Wahlkampf ein zweiter. Der erste Hauptsatz lautet: Wenn nicht alles täuscht, wird die SPD die kommende Bundestagswahl verlieren. Der zweite Hauptsatz, der nun hinzutritt, lautet:

Wenn es so weitergeht wie in den vergangenen Wochen, wird auch die Union die Wahl nicht gewinnen.

Eine gewisse Melancholie, die da und dort darüber herrscht, dass man den gegenwärtigen Kanzler, der ja meistens eine recht odentliche Figur gemacht hat, gehen lassen muss, mischt sich zusehends mit dem Befremden darüber, dass man an dessen Stelle eine Kanzlerin bekommen soll, von der man sich immer weniger vorstellen kann, dass sie im Kanzleramt gute Figur macht.

Diese wachsende Merkel-Skepsis bringt freilich der SPD keinen Schub, weil zwar die Enttäuschung über eine Regierung der Opposition stärkt, aber eine Enttäuschung über die Oppositionskandidatin nicht die Regierung. Im Zweifel ist nämlich die Frustration über die rot-grüne Regierung stärker, mächtiger und für die Wahlentscheidung von viel größerer Bedeutung als die wachsende Ernüchterung über Angela Merkel und die von ihr geplante Politik.

Keine „gemähte Wiese“

Eine Euphorie des Neuanfangs gibt es nicht. Euphorisch sind allenfalls die Wirtschaftsfunktionäre, die in den Jahren 1998 ff. noch Gerhard Schröder auf die Schulter geklopft haben, weil sie sich nun auch von Merkel ein paar Steuergeschenke und sonstige Erleichterungen erhoffen.

Ansonsten herrscht im Land eher ein Generalgefühl des „Was soll man machen?“: Angela Merkel wird billigend in Kauf genommen, weil sich ja was ändern muss. Das ist eine Situation, in der angesichts hoher Zahlen von unentschlossenen Wählern noch einiges geschehen kann: Die Wahl ist für die Union mitnichten, wie man so sagt, schon „eine gemähte Wiese“.

Eine Partei als Wahlkampfthema

Auf dieser Wiese ist unglaublich rasch die Linkspartei gewachsen; das bereitet der Union kaum weniger Schwierigkeiten als der SPD: Die Linkspartei durchkreuzt mit wachsender Wahrscheinlichkeit eine schwarz-gelbe Koalition. Kein Sachthema, sondern diese Partei entwickelt sich zum Wahlthema, mit dem sich alle anderen intensiv beschäftigen.

Es geht bei diesen Debatten eher um taktisch-strategische Fragen: Wie viele Prozente kann diese Partei erreichen? Wie verändert sie politische Landschaft? Welche Auswirkungen ergeben sich langfristig? Wann und für wen und unter welchen Bedingungen kann diese Partei zu einem Koalitionspartner werden?

Solche Debatten stärken die Linkspartei, sie werten eine Bewegzng auf, die erst ansatzweise Parteicharakter hat. Wichtiger als diese unsinnigen und unzeitigen Debatten wäre es, die anderen Parteien machten sich Gedanken darüber, warum die Linkspartei so großen Zulauf hat.

(ein Kommentar von Heribert Prantl – Süddeutsche Zeitung, 5.08. 2005)

2. Auschwitz vergeht nicht

Die Täter von Auschwitz waren „gewöhnliche Menschen“. Dies wird alle Deutschen in Zukunft nicht loslassen.

Rudolf Höß, einst Kommandant des Konzentrationslagers Auschwitz, verfasste vor seiner Hinrichtung im Jahre 1947 in der Gefängniszelle eine Art Autobiographie. Auschwitz, so schrieb Höß darin, sei „die größte Menschen-Vernichtungs-Anlage aller Zeiten“ gewesen.

Zwischen 1941 und dem januar 1945 sind allein in Auschwitz rund 1,5 Millionen Menschen von Deutschen Umgebracht worden. Sie wurden vergast, erschossen, zu Tode geprügelt, sie starben an Krankheiten, Entkräftung und Verzweiflung.

Dies alles geschah, weil für diese menschen, die meisten von ihnen Juden, in der nationalsozialistischen Staatsideologie kein Platz zum Leben vorgesehen war. Die Mehrheit der deutschen Bevölkerung sowie der politischen, militärischen und wirtschaftlichen Elite trug diese Ideologie mit, unterstützte sie oder war zumindest zu ängstlich oder gleichgültig, um Widerstand zu leisten.

Was die Vertreter von Ämtern und Ministerien in der Wannsee-Konferenz ordentlich beschlossen hatten, setzten Deutsche in SS-Uniform in Auschwitz und anderswo pflichtgemäß um.

60 Jahre nach der Befreiung des KZ Auschwitz am 27. Januar 1945 gehört das singuläre Menschheitsverbrechen zum Gedenk-Kanon der ganzen Welt. 2005 gab es zum ersten Male eine UN-Sondersitzung aus diesem Anlass. Bisher hatten dies zahlreiche Staaten unter dem Vorwand des Antizionismus, oft getrieben vom Antisemitismus, verhindert.

Die Hölle gesehen

Am Donnerstag trafen sich in Auschwitz 30 Staats- und Regierungschefs, um den Toten und den immer weniger werdenden Überlebenden die Ehre zu erweisen. Bei einer anrührenden Feier im Bundestag trug Wolf Biermann Auszüge aus dem „Großen Gesang vom ausgerotteten jüdischen Volk“ vor. Sein Autor Jizchak Katzenelson stab in Auschwitz.

All diese Veranstaltungen haben eines gemeinsam: In ihrem Mittelpunkt stehen die Opfer. Je deutlicher Gesichter und Schicksale aus der riesigen Masse werden, desto eher wird aus dem Wissen um die Verbrechen ein Gefühl für ihre Ungeheuerlichkeit – gerade bei den Nachgeborenen.
Wer damals die KZ überlebt hat, der braucht keine Anleitung dafür, was Auschwitz war und was es bis heute bedeutet. Er hat die von Menschen bereitete Hölle gesehen. Weder ihm noch seinen Nachkommen ist es zu verdenken, wenn sei heute deutsche Narren, die wie Sachsens Rechtsradikale das Gedenken an den Massenmord für „Nationalmasochismus" halten, verabscheuen, ja fürchten.
Von Frankreich bis Russland leben in unserer Nachbarschaft noch viele ältere Menschen, die trotz aller Veränderungen seit 1945 tief in ihren Seelen jenes Trauma haben, das in Katzenelsons Gesang so umschrieben wird: „Ein Getrampel. Knobelbecherschritte. Deutsche".
Nun werden die Angehörigen der so genannten Erlebnisgeneration bei Opfern, Tätern und Mitläufern immer weniger. In diesem Jahr der 60. Jahrestage wird auch deswegen die Frage debattiert, ob das allmähliche Verschwinden der direkten Erinnerung nicht auch zu einer Historisierung des Ungeheuerlichen führen kann, ja führen soll.
Wer gedenkt heute noch des „Weißblutens"von Verdun (General Falkenhayn)? Wem, außer den Nachfahren der Ermordeten, ist dervon Türken an Armeniern verübte Genozid noch ein Anliegen? Und: Ist die von etlichen deutschen Politikern angestrebte „Normalisierung" der Rolle Deutschlands in der Welt nicht auch ein indirekter Aufruf zur aktenmäßigen Ablage von Trauer, Entsetzen und Scham über Dachau und Auschwitz?

Hausse zeitgeschichtlicher Themen

Nein, auf absehbare Zeit wird der Zivilisationsbruch der NS-Ära bestimmend bleiben für das Selbstverständnis der Deutschen. Dies wird nicht nur deutlich an der seit Jahren anhaltenden Hausse zeitgeschitlicher Themen in den Medien.
Auch der Einzug von NPD und DVU in diverse Landesparlamenta sowie die empörte Reaktion der übergroßen Mehrheit auf die Aktivitäten des rechten Randes ist ein Zeichen dafür, dass immer noch nichts dieses Land mehr bewegt als die Zeit seiner tiefsten Schande.

Es gibt tausenderlei Erklärungen dafür, warum die Nazis an die Macht gekommen sind, wieso eine immer größere Mehrheit der Deutschen sich mit dem Hitler-Regime in den dreißiger Jahren mindestens arrangierte und warum der Widerstand ehrenhaft war, aber marginal blieb.

Selbst der deutsche Angriffskrieg und die Mitwirkung der Eliten und großer Teil des Volkes lässt sich aus den historischen Zusammenhängen erläutern, wenn auch keineswegs rechtfertigen. Die Bereitschaft von Zehntausenden Deutschen aber, Millionen Menschen umzubringen, weil sie Juden, Sinti, Polen, Russen, Dissidenten waren, entzieht sich jedem Verständnis und damit jeder Erklärung.

Die vielleicht erschreckendste Erkenntnis bei dem Versuch, die Gräuel ducrh das Justizsystem der Bundesrepublik zu bestrafen, war diese: Auf den Anklagebänken saßen selten sadistische Monster, Triebverbrecher oder Halbidioten.

Man war mit einem Querschnitt „gewöhnlicher Menschen“ konfrontiert, wie sie der Autor Christopher Browning in einem Buch über ein massenmordendes Polizeibataillon einmal genannt hat. Dies wird alle Deutsche, die sich ernsthaft Gedanken über sich selbst und ihr Land machen, auch in Zukunft nicht loslassen.

(Süddeutsche Zeitung 27.01.2005)

Fragen:

1.Erläutern sie die Art der Kommentare.

2. Welches ist das Kernstück der zwei Kommentare?

3. Welche sind die Schritte des Aufbaus?

4. Analysieren sie die Sprache und den Stil der beiden Kommentare.

5. Wählen sie sich ein Kommentar aus und schreiben sie eine Nachricht zu diesem Thema.

Kapitel VII - DIE GLOSSE

Die Glosse ist eine kunstvolle und unterhaltsame Form des Kommentars; eine zugespitzte Form der Argumentation. Die Glosse ist der „Farbtupfer" unter den Meinungsstilformen. Sie soll Kritik in originelle und witzige Form verpacken und somit den Leser nicht nur zum Nachdenken anregen, sondern auch zum Schmunzeln oder Lachen bringen. Das Vergnügen am Text ist wichtiger als die Meinungsveränderung beim Leser.

Oft werden Unsitten des Alltags überspitzt um komische Effekte zu erzielen. Die „Moral" ist meist versteckt (implizite Wertung statt expliziter Kommentierung). Die Modalität ist ironisch, karikierend und spöttisch.

Typisch für die Glosse ist ein Stilmix (Stilwechsel und Stilbrücke) und die rethorischen Figuren, Zitate, Anspielungen und Paradoxe. Charakteristisch ist die Kürze und die Schärfe der Argumentation.

Im Aufbau ist die Glosse viel freier als ein Kommentar, aber in fast allen Ressorts zu Hause. Der Unterschied zum Kommentar ist nicht im Thema, sondern im Stil

Einige Merkmale der Glosse:

Themen: allgemeine Begebenheiten des Alltag

Typen: Politik-, Gesellschafs-, Kultur-, Lokalglossen

Hauptmerkmal: feiner Humor, versteckte Moral

Einstieg: unmittelbarer Einstieg, Pointe und „Moral" sehr wichtig

Überschrift: häufig humorvoll oder eine Rätselstruktur (um die Attraktivität zu steigen)

Sprache: originelle Formulierungen

Einige Beispiele:

1. Der unheimliche Googleator

Nicht Maschinen aus Fleisch und Blut respektive Stahl und Öl werden uns dereinst knechten, sondern ungleich unscheinbarere Wesen, deren Herzen in unverständlichen Algorithmen schlagen: Suchmaschinen, allen voran die Mutter aller Netzordnung, Google.

Harmlos angetan mit dem Kleidchen Unschuld hat sie schon Einzug in unser Allerheiligstes gehalten. In der putzigen Form "googlen" und unter stiller Duldung der Dudenredaktion infiltriert der Wissensdominator unser Kommunikationssystem auch außerhalb des World Wide Web.

Mit jedem der unzähligen Os, die sich auf Millionen Bildschirmen weltweit Wissensbedürftiger runden, öffnet sich ein Tor in die Unfreiheit, droht der Rückschritt zur selbstverschuldeten Unmündigkeit. Hier wirkt sie und hier ist sie, die anonyme Kraft, die die Diskurse ordnet, Hierarchien schafft, Wissen und somit Macht verwaltet.

Hier drohen völlige Unterwerfung und endgültige Herrschaft über das System. Hier findet in den wirren Zeiten globaler Umarmung auch der Streiter für das Recht auf individuelle Entfaltung noch seinen Feind.

Die Gefahr, die von diesem vermeintlich lauschigen Plätzchen einst verzweifelter Sucher, nun glückseliger Finder ausgeht, hat mittlerweile auch die Bundestagsfraktion der Grünen erkannt.

Sie publizierte kürzlich auf ihrer Homepage die Studie "Suchmaschinen: Das Tor zum Netz." Angesichts "intransparenter Algorithmen" und dem ohne Frage verlogenen "Schein der Neutralität" in den "Weiten des Raumes" gemahnt sie: "Vielfalt fördern, Standards halten und Kompetenz stärken". Mit der Forderung "Aufsicht stärken" bringt sich die Politik auch der Mutter aller Infosteuerung wieder als Großmutter in Erinnerung.

Neben der grünen Moralinstanz schafft da ein Satz Beruhigung, der sich in der Weltgeschichte schon häufig bewahrheitet hat: Die Revolution frisst ihre Kinder - oder in Zeiten technischer Umwälzungen: ihre Erzeuger.

Wendet sich nämlich der Netznießer vertrauensvoll an Google mit der Frage, was es mit der drohenden Bemächtigung der Wissensreserven von Seiten der Wissensorganisatoren, kurz: was es mit "Suchmaschinen + Monopol" auf sich hat, so bekommt er mindestens auf den ersten zwanzig Plätzen die raunende Antwort: Das unheimlich heimelige Google könnte uns allen bald gefährlich werden.
(Süddeutsche Zeitung - 23.3.2005)

2. Bäume in weißen Trikots

Den Ungläubigen kann Oliver Kahn vielleicht etwas vormachen. Kleine Augenentzündung, keine große Sache, sei schon vorbei. Bloß die Bindehaut (Konjunktiva), diese durchsichtige mit Blutgefäßen durchzogene Schicht, die die Augenoberfläche bis zur Hornhaut und die Lidinnenseite bedeckt – die sei so ein klitzekleines bisschen entzündet. Konjunktivitis, wie die Fachleute behaupten. Im Falle Kahn: Behandelt vor dem Spiel gegen Leverkusen mit allerlei Medikamenten (von Bayer?), welche hervorragend gewirkt hätten. Da fällt uns eine kleine Geschichte ein: „Sie kamen nach Betsaida. Da brachte man einen Blinden zu Jesus und bat ihn, er möge ihn berühren. Er nahm den Blinden bei der Hand, führte ihn vor das Dorf hinaus, bestrich seine Augen mit Speichel, legte ihm die Hände auf und fragte ihn: Siehst du etwas? Der Mann blickte auf und sagte: Ich sehe Menschen; denn ich sehe etwas, das wie Bäume aussieht und umhergeht. Da legte er ihm nochmals die Hände auf die Augen; nun sah der Mann deutlich. (...)“ Klar, gleich erkannt, Markus 8,22-26.

Nun trug es sich aber zu, dass der Tormann Oliver Kahn einige Zeit lang nichts sah. Am Freitag erklärte er plötzlich, er sei geheilt. Wir wissen nun, dass er nicht ganz geheilt war, dass der – pünktlich zum Oktoberfest – von ganz oben entsandte Bote dem ungeduldigen Kahn nur einmal die Hände auflegen konnte, und dass Kahn deshalb am Samstag Bäume sah, die in weißen Trikots umhergingen. Manchmal zogen die Bäume aus der zweiten Reihe ab und schossen ins Tor, sogar der seltene Baum, den sie Ramelow nennen. Möge der Gesandte Kahns Augen noch einmal mit Spucke salben, auf dass die Bäume wieder zu Menschen werden.

Womit uns mühelos der Übergang zu Timo Hildebrandt gelingt, Torhüter des VfB Stuttgart – seit 645 Minuten hat er kein Gegentor hinnehmen müssen. Wir wollen Sie warnen, teurer Timo: Keine Gegentore zu kassieren ist reine Hybris, die von denen da oben bestraft wird. Rekordhalter, dies als Mahnung, in der gottlosen Disziplin des Toreverhinderns ist Oliver Kahn (802 Minuten), Zweiter ist Oliver Kahn (736). Sie, Timo, sind bereits Dritter, und offensichtlich ist es geboten, jetzt schleunigst mal ein paar Bälle reinzulassen.

(Süddeutsche Zeitung - 22.09.2003 - Christian Zaschke)

Fragen:

1. Welche ist die „Moral“ der jeweiligen Glossen?
2. Wie ist die Sprache der Glossen?
3. In welchen Ressorts einer Zeitung würden sie diese Glossen stellen?

Kapitel VIII - DIE KOLUMNE

Die Kolumne (lateinisch: *columna,* Säule) ist ein Meinungsbeitrag eines oft sehr bekannten Autors. Die Kolumne kann auch von einem Gastkolumnisten (ehmalige Sportler oder Politiker) geschrieben werden, nicht nur von Journalisten aus der Redaktion einer Zeitung.

Die Kolumne handelt über frei gewählte Themen. Die Texte werden unverändert gedruckt und sie zeigen somit die individuelle Schreibweise des Autors. Die Kolumne drückt die Meinung des Autors aus, die Redaktion muss diese Meinung nicht teilen. Auch die Leser müssen die Meinung nicht teilen, sie erfahren nur was der Autor über ein Thema denkt.

Einige Beispiele:

1. Plätzchen statt Kätzchen

Auch wenn das nächste Schmuddel-Tief schon wieder in Anmarsch ist: Es gibt kreative Möglichkeiten, sich mit der Wetterlage anzufreunden. Zum Beispiel, indem man Weihnachten ins Frühjahr verlegt.

Weihnachten sollte im März liegen. Das würde dem Schnee einen tieferen Sinn geben und die vielen Flüche ein bisschen dezimieren, die täglich ausgestoßen werden.
Drei Fliegen schlüge man mit dieser Kalenderänderung: Es wäre das ewige Gejammer im Dezember beendet, dass es wieder keine weiße Weihnachten gibt, dass wir überhaupt noch nie 15 Grad Plus an Weihnachten hatten, dass früher alles besser war, versunken sind wir da im Schnee! Man müsste nicht mehr in kurzen Hosen unterm Christbaum sitzen, Kunstschnee auf die Bäume vorm Fenster sprühen und den Glühwein am Heiligen Abend nicht mehr in den Kühlschrank stellen, um ihn richtig zu temperieren.
Gleichzeitig wäre das Geschimpfe im März beendet, dass es keinen richtigen Frühling mehr gibt, auch hier früher alles besser war und es überhaupt noch nie so lang kalt

gewesen ist, einst haben um diese Zeit schon die Vögel gezwitschert! Schnee wäre noch immer toll. Die Flocken würden nicht nur als morgendlich-nervende Wimperntusche-Wischer und abendliche Ächzlaute hervorrufende Räumpflichtmasse zur Kenntnis genommen, nein, sie würden wohlig-weihnachtliche Gefühle verbreiten, die weißen Straßen lägen noch im sanften Schimmer der Adventsbeleuchtung.
Und überhaupt hätte man endlich genügend Zeit für Weihnachtsvorbereitungen - ist die staade Zeit nicht jedes Jahr viel zu hektisch? Plätzchen backen statt Palmkätzchen pflücken, Geschenke kaufen, Strohsterne basteln, auf der Ofenbank sitzen und Weihnachtslieder singen und doch mal in die Kirche gehen - all das könnte in völliger Ruhe verlaufen, wenn drei Monate mehr Zeit wären.
Silvester und die völlig schneefreie Bundesliga-Pause könnte man mitverlegen, und alle wären zufrieden: der Einzelhandel, die Skigebiete, die Fußballer, der Papst. Vielleicht sollten wir uns das wünschen, heuer, vom Christkindl.
(Süddeutsche Zeitung – 11.03.2005 – Birgit Lutz-Temsch)

2. Briefe und Lehrer vermisst

An manchen Schulen hat man den Eindruck, es fallen mehr Unterrichtsstunden aus, als gehalten werden. Auch Frau Hohlmeier hat erkannt, dass da was im Argen ist. Aber wo, zum Kuckuck, versteckt sie nur die Lehrer?

Es gibt Menschen, die sind einfach nicht belastbar. Sobald sie unter Druck geraten, tun sie die blödesten Dinge.

Ein Postbote aus München hat jahrelang Briefe nicht zugestellt und stattdessen zu Hause gelagert. Fast 4000 Sendungen stapelten sich in seiner Wohnung und im Keller. Als Grund gab der Mann an, er habe sich aufgrund der großen Menge der Briefe überfordert gefühlt.

Ja, wo kommen wir denn da hin? Wenn das jeder macht, nur weil ihm sein Job zu stressig ist!

Heerscharen unglücklicher Kinder würden auf den leeren Gabentisch starren, weil der Weihnachtsmann keine Lust hat, Geschenke auszufahren. All die herrenlosen Pakete würden sich in der Gemeinschaftsküche stapeln, wo er mit seinem WG-Kumpel, dem Christkind, Punsch trinkt und über unzumutbare Arbeitsbedingungen lamentiert.

Wenn hier jemand mit der Gesamtsituation unzufrieden sein dürfte, dann die Schüler und deren Eltern. An manchen Schulen hat man den Eindruck, es fallen mehr Unterrichtsstunden aus, als gehalten werden. Auch Frau Hohlmeier hat messerscharf erkannt, dass da was im Argen ist. Immerhin 800 Lehrer würden fehlen, ließ sie kürzlich im Arbeitskreis Schule verlauten.

Jetzt fragen wir uns natürlich: Wo sind die hingekommen?

Könnte es sich bei der Ministerin ähnlich verhalten wie bei dem gestressten Briefträger? Sie fühlt sich einfach überfordert und bunkert die Lehrkräfte deshalb im Ministerium, wo sie dasitzen und jeden Morgen auf ihren Einsatz warten – leider vergeblich. Denn Frau Hohlmeier bleibt ja bekanntlich auf ewig im Amt.

(Süddeutsche Zeitung – 16.12.2004 – Violetta Simon)

<u>Fragen:</u>

1. Welche Schritte verfolgt der Autor um seine persönliche Meinung zu äußern?

Kapitel IX - DAS PORTRÄT

Das Porträt hat als Ziel eine Person oder eine Gruppe möglichst in vielen Facetten zu charakterisieren. Es kann sich dabei um Prominente oder auch um „Helden des Alltags" handeln.

Sehr wichtig bei einem Portät ist der biographische Anteil mit Fakten zur Person: Alter, Beruf, Familie, Lebensweg. Das Porträt ist mehr ein Charakterbild, eine „dichte Beschreibung" eines Menschen mit Stärken und Schwächen, Ansichten und Motiven, Taten und Visionen, Freuden und Problemen, Hoffnungen und Zweifeln, Erfolgen und Niederlagen. Gute Portäts haben ein einziges Ziel: das Bekanntmachen einer Person.

Weitere Mekmale des Poträts:

Aufbau: frei, eine Mischung aus Reportage und Biographie

Einstieg: szenerisch

Ausstieg: mit Pointe

Syntax: möglichst einfach

Sprache: Detailgenauigkeit, ausdruckstarker Lexik, Präsens

Einige Beispiele:

1. Ein amerikanischer Schwabe

Was den bisherigen IBM-Manager Walter Raizner an der Telekom reizt.

Es ist eine Sache, für einen zentralistisch organisierten Weltkonzern als Deutschland-Statthalter mit begrenztem Gestaltungsrahmen den Exekutor zu geben. Und es ist eine andere Sache, in einem vergleichsweise jungen deutschen Telekommunikationskonzern mit Geschäftsfeldverantwortung den Umbau voranzutreiben.

Keine Frage also, warum sich Walter Raizner nach 20 Jahren bei „Big Blue" IBM und nur knapp zwei Jahren an der Spitze der Stuttgarter Deutschland-Zentrale zur Telekom abwerben ließ. Mitarbeiter berichten gar, dass sie ihren Chef bei einer internen Tagung

Ende Juli gelöst und locker wie nie in diesen letzten beiden Jahren erlebt hätten. Da wusste Raizner wohl schon, dass er die längste Zeit auf dem deutschen Chefsessel des amerikanischen Computerriesen gesessen hatte.

Feudaler Vorstandsflur

Seinen spartanischen Schreibtisch im IBM-Großraumbüro wird er am 1.November gegen einen ganzen, feudalen Vorstandsflur in der Bonner Telekom-Zentrale eintauschen.
Als Chef der Sparte Breitband/Festnetze wird Raizner zwar mit dem Massenkundengeschäft Neuland betreten, aber eben auch operative Verantwortung übernehmen. Die hatte er, zwar formal für 26.000 Mitarbeiter zuständig, bei der vorwiegend im Großkundengeschäft tätigen IBM Deutschland nicht.
Immerhin hat Raizner eine für einen Deutschen ungewöhnlich steile Karriere im amerikanischen Mutterkonzern hingelegt. 1984 heuerte der Betriebswirt bei IBM Deutschland an, 1995 startet er dann seine internationale Karriere in der Konzernzentrale in Armonk im Stab von Ned Lautenbach, der weltweit den Vertrieb leitet.

Internationale Positionen

Ein Jahr später übernimmt er für kurze Zeit den Hardware-Vertrieb in Deutschland, um dann aber wieder in internationale Positionen in London und Armonk zu wechseln, wo er bis zum General Manager für das weltweite Speichergeschäft aufsteigt.
Vom Vertrieb über Marketing und Produktion bis zur weltweiten Verantwortung für die Strategie im Geschäft mit elektronischen Datenspeichern lernte Raizner alle Facetten des IT-Geschäfts kennen.
„Wer den Sprung nach Armonk schafft, muss clever und gut sein", heißt es in IBM-Kreisen. Immerhin war Raizner bisher der ranghöchste Manager deutscher Nationalität im gesamten Unternehmen. Kein Wunder also, dass der gebürtige Schwabe, der am 15.August seinen 50.Geburtstag feierte, intern auch schon mal als „der smarte Amerikaner" bezeichnet wird.

Erinnert entfernt an Bill Clinton

Nicht nur erinnert er mit seinem grauen Schopf und seinen blauen Augen entfernt an Bill Clinton, er trat auch bei seinem Start in Deutschland Anfang 2003 sehr amerikanisch auf: „Wir sind hier kein Debattierclub“, habe er auf einem ersten Führungskräftetreffen unmissverständlich zu verstehen gegeben, und: „Die Vorgaben aus der amerikanischen Konzernzentrale in Armonk sind richtig und werden umgesetzt.“

Aber umsetzen allein ist für einen leidenschaftlichen Ärmelaufkrempler wie Raizner auf Dauer nur von begrenztem Reiz. Zumal dann, wenn die Ergebnisse der Anstrengungen in Deutschland – wie bei IBM üblich – gar nicht eigens ausgewiesen werden.

(Süddeutsche Zeitung - 07.09.04 - Dagmar Deckstein)

2. Pierce Brosnan

Der Nullenmann ohne Eigenschaften

Es ist schwer genug, James Bond zu spielen – aber wie muss sich das erst anfühlen, wenn man Bond ist, wenn man also jenen unsterblichen Agenten mit der ein wenig lachhaften Nummer 007 darstellt, von dem die ganze Welt weiß, wie er denn so ist. Und vor allem: Was er denn so zu sein hat – nämlich ein smarter, schnellziehender Siegertyp, der auch dann noch gut gebügelt aussieht, wenn er aus einem zerschossenen Panzer steigt, mit dem er eben halb St.Petersburg ruiniert hat. So wie im Film „Golden Eye" (1995), in dem Pierce Brosnan zum ersten Mal die Welt als James Bond rettet – als dynastisch verantwortlicher Interpret jener Sagengestalt, die 1952 von Ian Fleming erfunden und in den vier Jahrzehnten seit Sean Connerys Ur-Bond („Dr. No", 1962) auch von Roger Moore, dem Einweg-Bond George Lazenby und Timothy Dalton beseelt wurde. Der Film „Stirb an einem anderen Tag", der heute in den deutschen Kinos anläuft, ist bereits der 20. Bond – also eine Art Jubiläum einer dauerhaft gültigen Geisteshaltung, wonach man sich die Welt nur durch ein Martini-Glas betrachten darf.

Vielleicht ist es ein Zufall, dass der aus Dublin stammende und in Malibu lebende Brosnan, der im nächsten Jahr 50 wird, fast genau so alt wie die Legende selbst ist; vielleicht ist das Leben aber auch einfach nur ein gutes Drehbuch. Jedenfalls trägt Pierce Brosnan selbst nach mittlerweile vier Bond-Rollen nicht immer und überall eine Walther PPK und ein Bondgirl mit sich herum – aber nach einem halben Bond-Jahrhundert kann sich der gelernte Werbegrafiker und Schauspieler in der Öffentlichkeit trotzdem kaum bewegen, ohne an seiner Lizenz, ein anderer zu sein, gemessen zu werden. Wie das wohl ist, wenn Brosnan beim U-Bahn-Fahren nach seiner Fahrkarte gefragt wird, die er nicht hat? Was hätte Bond getan? Und wenn Brosnan vom Kellner ignoriert wird im Restaurant – wird er dann nervös, kriegt er hektische Flecken, fuchtelt er mit den Armen? Traut man so einem dann noch zu, mit dem Bösen fertig zu werden?

Oder spricht es am Ende für den Schauspieler, dass der rasende Bond im wahren Leben gelegentlich ein paar Schwierigkeiten mit teuren Autos hat? Während der Dreharbeiten zu „Golden Eye" soll der Eigentümer des wunderbaren Original-Aston-Martins fast kollabiert sein vor Entsetzen: „Brosnan fuhr erst mit angezogener Handbremse los, dann brach er das Lenkrad ab.“ Auch seinen eigenen Porsche soll Brosnan schalttechnisch mal gequält haben – aber nur, weil er im Anfahren noch rasch den Kindersitz in Position bringen wollte. ..

Kein Wunder, dass sich die deutsche Ausgabe von Marie Claire dem fünffachen Vater, „Hobby-Angler“, „Mustergatten“, „Öko-Krieger“ und „Grübler“ jüngst in einem erstaunlichen Interview näherte, in dem viel von Trost und Dankbarkeit und Liebe die Rede ist. Kein Wunder auch, dass Brosnan, der noch einen Bond machen will, neulich bei Jay Leno laut über eine Frau als 007 nachdachte. Im Ernst? Mein Name ist Bond, Jane Bond? Der Mann hat jedenfalls Witz und Charme. Gut aber, dass bei aller Abgründigkeit die Bondsche Entschlossenheit fehlt.

(Süddeutsche Zeitung - 28.11.2002 - Gerhard Matzig)

Fragen:

1. Wodurch unterscheiden sich die beiden Porträts?
2. Porträtieren sie eine bekannte Persönlichkeit aus der rumänischen Medienbranche.

Kapitel X - DIE REZENSION

Die Rezension (aus dem Lateinischen *recensio* - Musterung) ist eine besondere Art des Kommentars. Sie ist eine kritische Bewertung von Filmen, Sendungen, Theaterstücken, Bücher, Ausstellungen. Sie sind in der Regel eine Mischform aus Informationstext und Kommentar. Ein Kritiker muss im Artikel Fachkompetenz nachweisen. Die Rezension kann in verschiedenen Medien veröffentlicht werden: in Zeitungen, Zeitschriften, im Rundfunk und auch im Internet.

Im Gegensatz zum wissenschaftlichen Gutachten, bei dem es darum geht, ob ein Werk als Buch oder als Fachzeitschrift veröffentlicht werden soll, dienen Rezensionen dazu, angesichts der Fülle von Publikationen, Orientierung zu schaffen und eine Kaufentscheidung zu ermöglichen.

Einige Merkmale der Rezension:

Aufbau: erst ein Bericht zum Ereignis, dann die Beurteilung

Sprache: Fachlexik, wertender Lexik, viele Attribute

Syntax: abhängig von der Art der Rezension, von knapp bis komplex

Einige Beispiele:

1. Rezension "Hitlers letzte Zeugen"

Schrecklich authentisch

Ein amerikanischer Richter der Nürnberger Prozesse schildert die letzten Tage im Führerbunker auf Basis hunderter Augenzeugenberichte. Selten zuvor sind historische Quellen so anschaulich aufgearbeitet worden.

Knapp 60 Jahre nach dem Ende des Zweiten Weltkrieges ist die Auseinandersetzung mit dem Nationalsozialismus überaus intensiv. Jüngster Beleg: Der große Erfolg des Kinofilms „Der Untergang“, den allein in Deutschland mehrere Millionen Menschen gesehen haben. Den letzten Tagen Adolf Hitlers im Berliner Führerbunker widmet sich nun auch das Buch „Hitlers letzte Zeugen“. Geschrieben hat es Michael Musmanno, amerikanischer Richter der Kriegsverbrecherprozesse in Nürnberg, der von 1945 bis 1948 in Deutschland mit rund 200 Augenzeugen der letzten Wochen Hitlers gesprochen hat.

Rückkehr zu den Quellen

Nazi-Größen wie Großadmiral und Hitler-Nachfolger Karl Dönitz, Reichsmarschall Hermann Göring, Rüstungsminister Albert Speer, Außenminister Joachim von Ribbentropp, sowie Führer der Wehrmacht und der SS hat Musmanno während der Nürnberger Prozesse verhört. Persönliche Gespräche führte der Marine-Offizier und Richter mit vertrauten Personen aus Hitlers nächster Umgebung wie Sekretärinnen, Adjutanten, Fahrern und Dienern.

Unter den Titeln „In zehn Tagen kommt der Tod“ bzw. Ten days to die“ erschien das Buch bereits 1950 in Deutschland und den USA. In der jungen Bundesrepublik stieß es aber damals nur auf sehr geringes Interesse. Fünf Jahre nach Kriegsende waren Themen wie dieses tabu.

54 Jahre später liegen die Dinge anders. Nun sei die deutsche Gesellschaft reif dafür, „zu den Quellen zurückzukehren“, so der Historiker Hermann Graml im Vorwort.

In der Tat ist Musmannos Werk ein wertvolles und unvergleichliches Dokument der Zeitgeschichte. Nirgendwo sonst gibt es so viele Augen- und Ohrenzeugenberichte über diese zehn Tage im April 1945 auf so komprimiertem Raum wie in diesem Buch.

Plastisch, aber bisweilen befremdlich

Minutiös lässt der Richter aus den Berichten der Zeugen die Vorgänge im Führerbunker wieder auferstehen. Ohne Zweifel war Michael Musmanno nicht nur zeitlich näher dran als Joachim Fest, dessen Buch „Der Untergang“ nun verfilmt worden ist. „Hitlers letzte Zeugen“ ist auch authentischer, denn Musmanno hat mit den Augenzeugen gesprochen und ihre Aussagen stenographisch festhalten lassen.

Der Mann aus Pennsylvania schreibt sehr plastisch, stellenweise liest sich das Buch wie ein Thriller. Das wirkt angesichts des grausamen Geschehens und der Dramatik des Stoffes manchmal befremdlich.
Verleger Erik Droemer argumentiert, gerade weil Musmanno so lebendig und packend erzählt, habe er das Buch neu aufgelegt. Dass der Autor als Amerikaner ein distanzierteres Verhältnis zu Hitler und seiner Entourage hat, war Droemer zufolge ein weiteres Motiv.
Vollkommene Distanz kann Musmanno aber nicht einhalten. Er ist zuweilen subjektiv und er wertet manchmal auch da, wo er keine Zitate zum Beleg anführen kann. Wer so tiefen Einblick in so viel Böses bekommt, kann wohl nicht anders. Dennoch bleibt „Hitlers letzte Zeugen“ als Quelle unverzichtbar für jeden, der sich mit den letzten Zuckungen im Herzen des Naziregimes befassen will.

(Süddeutsche Zeitung - 30.11.2004 -Bernd Oswald)

2. „Der Untergang“- Filmrezension

Darf man Adolf Hitler im Film darstellen? Ja, aber dann nicht in der vorliegenden Form. Publizist Joachim Fest schrieb mit "Der Untergang" einen Bestseller unter den Geschichtsbüchern über die letzten Tage im Führerbunker, bevor die Rote Armee im Berliner Häuserkampf endgültig siegte und jenes Mausoleum der enthumanisierten Untoten erreichte. Fests Buch zu verfilmen bedeutet einen zu harten Wechsel des Mediums, dem die Gesellschaft nicht gewachsen ist, gerade wenn es um die Betrachtung der Nazizeit geht, fort vom vornehmlich den Intellektuellen vorbehaltenen Medium Literatur hin zum Mainstream-Produkt Großkino. Kritische Distanz geht ad acta, ein Massenmörder wird, wenn nicht zum Helden des Pop, doch zur bemitleidenswert tragischen Figur. Das Filmteam um Bernd Eichinger begreift den Fehler nicht, der sich sogar im unveränderten Titel widerspiegelt.

Regisseur Oliver Hirschbiegel drehte einmal einen Thriller, den Deutschland anschließend für die Auswahl des Academy Award, den Oscar für den Besten fremdsprachigen Film ins Rennen schickte. Mehrere Protagonisten wurden in dem Werk in eine bunkerähnliche Anlage eingeschlossen, aufgeteilt in Gefangene und Wächter. Letztere durften ungestraft tun, wonach ihnen gerade der Sinn war. Ihrem lange legitimierten Sadismus ließen diese an den anderen, den als Gefängnisinsassen Deklarierten freien Lauf. Es machte zuviel Genugtuung, gar latentes erotisches Auskosten der Lage, uneingeschränkte Macht zu haben. Somit versuchten die Unterdrücker dann, ihren Status unter allen Umständen aufrecht zu erhalten bis hin zur Verständnislosigkeit, dass es noch Menschen gibt, die nicht so denken, ergo "Das Experiment" abbrechen wollten. Es klingt nach dem Inhalt von "Der Untergang", doch dieser Film sollte erst drei Jahre später entstehen, drei Jahre nach Hirschbiegels Verfilmung eines tatsächlichen Geschehnisses in der Stanford University 1979, ein wissenschaftlicher Großversuch, der ergreifender als von den Forschern geplant aufwies, wie Faschismus entsteht.

Mit dem Faschismus im Kleinen, aber in seiner enthemmten Grenzenlosigkeit hatte Regisseur Hirschbiegel also bereits Erfahrungen gesammelt. Damit kann man ihn als durchaus prädestiniert bezeichnen für die Verfilmung des Faschismus im Großen, ganz Großen, wenn sich eine deutsche Filmproduktion erstmals seit Georg Wilhelm Pabst 1956 mit historischem Anspruch an das Tabuthema herantraut, Hitler auf die Leinwand zu bringen, mit Bruno Ganz als Ver-Führer. So dachte der Produzent des Films, Bernd Eichinger, der auch das Drehbuch schrieb, und verpflichtete Hirschbiegel zu einem Unterfangen, das nicht hätte entstehen dürfen, das aber von Deutschland, wie schon "Das Experiment", für den Academy Award vorgeschlagen wurde. Zum Nachteil von Fatih Akin und seinem brillanten Film "Gegen die Wand". Zum eigenen Unverdienst, denn "Der Untergang" hat bei der Oscar-Preisverleihung nicht zu suchen. Es reichte, dass bei der Verleihung 2003 Leni Riefenstahl in der Jahreschronik auftauchte.

Eine andere Frau aus dem Umkreis Hitlers, die kurz vor Riefenstahl 2002 starb, ist in "Der Untergang" die Hauptfigur. Traudl Junge heißt sie, Andre Heller hat sie kurz vor ihrem Tod für einen Film interviewt. "Der Untergang" gibt Teile des Interviews wieder, in der Frau Junge zum Verlust ihrer Unschuld bewundernswert entschieden und mit prägnanten Worten steht, aber die Wiedergabe ihrer Aussagen macht die Sache mit Eichingers und Hirschbiegels Film nicht besser.

Dem TV-Historiker Guido Knopp wird gerne vorgeworfen, mit dem Dritten Reich mache er sich selber reich. Denn die Zeit des Nationalsozialismus, wie kritisch man immer damit umgeht, ist, je nach Medium, sexy, weil Erfolg versprechend. Hohe Einschaltquoten verbürgen dies. Zu den Sendungen von Knopp kann man stehen wie man will. Eichinger und Hirschbiegel setzen dem die Krone auf, wenn sie das Dritte Reich ins Kino bringen und dann Hitler, Goebbels und ihre Spießgesellen als ihre persönliche Lage bejammernde, aber letztlich nicht so schlimm wirkende Menschen in einem Film wiedergeben. In einem Film wiedergeben, in dem Wörter wie "Juden" als Schimpfwörter fallen, der geschichtliche Hintergrund dazu aber fallen gelassen wird. Von Auschwitz, Judentransporten in den Tod keine Silbe. Logisch und konsequent ist dies, weil in Berlin eher wenige Eingeweihte davon gewusst haben mögen und das Drehbuch sich daran hält, den Film stringent im, über dem Führerbunker und in seiner nächsten Umgebung spielen zu lassen. Dann aber kann der Film nicht den Geschichtsunterricht mitbestimmen, wie schon vorgeschlagen wurde mit geradezu garantierter Option auf Umsetzung. Dafür wissen Schüler heute zu wenig, als dass "Der Untergang" als pädagogisches Instrument das schlimmste Ereignis der Menschheit den Schülern vermitteln kann. Da "Der Untergang" den Zirkel um Führer Hitler als zwar morbiden, aber auch - man höre und staune - Menschlichkeit beinhaltenden Mikrokosmos deklariert.

Die junge Traudl (Alexandra Maria Lara) bewirbt sich als Sekretärin 1942 in der Wolfsschanze. Als Sekretärin ist sie ungeeignet, beziehungsweise das Charisma jenes potenziell künftigen Chefs ist, wie üblich bei einem Chef, groß, sie hält dem Druck nicht stand, doch der sie prüfende Chef ist milde, milder als manch anderer Chef. Der Chef, jener Milde, ist Adolf Hitler. Er stellt sie ein. Bis zu seinem Tode wird Traudl Junge ihm nicht mehr von der Seite weichen. Sie ist nicht die Einzige, die so denken wird. April 1945, Hitler-Deutschlands Ende rückt näher, je näher die Rote Armee rückt, und Hitler und seine Schergen mitsamt den Anvertrauten, dem Militärstab und dem Personal motten sich im Bunker unter der Reichskanzlei ein.

Die in der Anfangsszene fatalerweise dargestellte Milde Hitlers ist gewichen, ein sinnfreies Geschrei hat eingesetzt - hat Hitler nie geschrieen? etwa jetzt erstmals? -, seine Befehle werden immer weltentrückter - vorher nie? -, sogar Goebbels zeigt Rührung, der Ärmste, denn einen Befehl des Führers, Goebbels solle samt Familie den Bunker verlassen, kann er nicht nachvollziehen, und vollzieht ihn auch nicht. Co-Scherge Albert Speer tritt auf und sagt dem Führer ins Gesicht: Dessen letzte Befehle hat er auch nicht mehr vollzogen. Himmler ist nicht mehr im Bunker, hält sich aber auch nicht mehr an Befehle, Göring ist nicht mehr im Bunker, hält sich aber auch nicht mehr an Befehle. Ja, es erweist sich: Hitlers letzte Tage bewegen sich auf ihren Untergang zu.

Magda Goebbels, immerhin, kämpft bis zuletzt bis zum Kriechen auf dem Boden, um Hitler am Selbstmord zu hindern. Um einen Tag später selbstbewusst ihrem Gatten gegenüber zu stehen, auf den ersten von zwei Schüssen wartend, nachdem sie ihre Kinder getötet hat, denn ein Leben ihrer Kinder in einer Zeit nach dem Nationalsozialismus sei undenkbar. Der zweite Schuss gilt Goebbels selbst.

Ein Albert Speer mit Zivilcourage, Himmler und Göring als Befehlsverweigerer, Hitler und Goebbels als Selbstmörder Menschen mit einem gewissen Gefühl für Ehre - die Filmemacher erkennen nicht, wie in ihrem Film all diese Verbrecher an der Menschheit in ihren letzten Taten in ihren letzten Tagen wenn nicht verklärt, so doch gemäßigt dargestellt werden; das Medium Film ist das falsche, um gewiss korrekte Fakten über diese Abläufe nachzuerzählen und alles vor dem April 1945 Geschehene außen vor zu lassen.

Eichinger und Hirschbiegel setzen in jeder Hinsicht beim Zuschauer Grundwissen voraus bei der Ausgestaltung ihres Films, die Kulturrevolution, die in der Bücherverbrennung kulminierte, ist nicht genannt und schwingt in einem der besten Bilder des Films mit: Am Ende verbrannten sie ihre eigenen Bücher, ihre eigenen Akten, alles, was auf ihre Schuld hinwies, damit es nicht den Feinden in die Hände fällt. Und Hitler ließ sich aus gleichem Grunde auch selbst verbrennen. Seine Opfer brannten zuvor. Hitler wollte seinen Leichnam nicht in einem Panoptikum der Feinde ausgestellt wissen. In der Farce "Schtonk" hieß es: "Er brennt nicht!" Doch, er brannte, seinen Schergen gelang es in der Wirklichkeit schon, ihn anzuzünden. Er war ein Mensch. Dessen Sadismen und Machtgelüsten kein Einhalt geboten worden war. Siehe, ein Mensch, stellen Eichinger und Hirschbiegel damit fest, womit versehentlich eine schlimme Gegenüberstellung entsteht: Die heranziehenden Russen Stalins wirken im Film im Kontrast nicht wie Menschen, sondern wie eine bedrohliche Masse, der Traudl Junge mittendurch entkommt, mitsamt einem kleinen Jungen. Beide erreichen die Natur, deren Existenz sie im Bunker und im Häuserkampf - er war kurz zuvor noch ein tapferer Verteidiger Berlins - schon zu vergessen drohten, er entdeckt ein Fahrrad, wie lieblich. Sönke Wortmanns neun Jahre später spielender Film "Das Wunder von Bern" lässt schön grüßen; es möge an dieser Stelle der Revisionismus beginnen.

Michael Dlugosch - 16.09.2004 - (www.filmrezension.de)

Fragen:

1. Wie ist der Aufbau der zwei Rezensionen? Gibt es Unterschiede?
2. Schreiben sie die Rezension ihres Lieblingsbuches.

Kapitel XI - BBC WORLD SERVICE TRAINING SCHOOL

Vorschriften im Bildfunk

1. DIE SPRACHE IM BILDFUNK

VT - Die Videokassette. Wird auch noch für die Bestimmung der Lage von wo die aufgenommenen Materialien gesendet werden, benützt.

PRES. – Der Sprecher. Die Person, die die Nachricht vorliest.

GRAPHIC. – Eine Abbildung, die von einem Graphiker gemacht wird. Z.B. eine Karte, ein Hintergrund (croma) mit Wörtern, usw.

GV – Allgemeiner Anblick (weiter Rahmen). Ein weiter Rahmen, der die Geographie des Ortes zeigt.

CU – Enger Rahmen. Ein Bild, dessen Rahmen, das Subjekt, das im Vordergrund ist.

WIDE – Offener Rahmen. Ist die größte Öffnung, die eine Videokamera haben kann und die den weitesten Rahmen aufnimmt.

ZOOM – Ein Bild, das wie ein weiter Rahmen beginnt und in einem close up endet.

PULL OUT – Ein Bild, das wie ein enger Rahmen beginnt und in einem weiten Rahmen endet.

PAN – Ein Bild, welches auf einer Seite der Bühne beginnt und auf der entgegengesetzten Seite gelangt. (links-rechts; rechts-links)

CUTAWAY – Ein Bild, das von anderswo als das Hauptsubjekt genommen ist und zum Überdecken eines Verlegeschnittes benützt wird.

RUSHES – Die Bilder vor der Herausgabe (brutto)

SOVT – Sound Recorded on Video Tape – Ton, der auf Videokassette aufgenommen wird. (ambianta)

UP SOVT – wenn der auf Video aufgenommene Ton zur Illustration der Bilder angewendet wird – das Niveau von 10db überragt

NAT SOVT – ein Hintergrundton. Ist auch als Actuality oder wild track bekannt.

PTC – Piece to camera. Der Augenblick in dem der Reporter vor dem Zuschauer erscheint.

SYNC – Wenn Ton und Bild gleichzeitig wiedergegeben werden. Z.B. PTC, Interview.

PACKAGE – Eine herausgegebene Nachricht, die einen Script und ein Syncro oder ein PTC einschließt, usw.

CUE – Die Einführung für den Sprecher.

LINK oder INTRO – Der von dem Sprecher in der Einführung einer Nachricht gesprochenen Text.

SCRIPT oder TRACK oder NARRATION – Die Stimme des Reporters in einer Nachricht.

TIME CODE – Der Kode von der Videokassette, der die gefilmte Zeit registriert.

SHOT LIST – Eine nach dem Time Code aufgestellte Liste welche zur Suche der Aufnahme hilft.

ASTON oder ASTED oder BIG TED oder CAP GEN – Geschriebene Wörter, die über das Bild erscheinen (superscript)

W/P – Wallpaper (Papiermauer) – Begriff, allgemein verwendet für Bilder, die einen vom Sprecher gelesenen Text überdecken. Gewöhnlich in den „Live – Sendungen" benützt.

LIVE – Jedwelche Sendung, die direkt gesendet wird.

AS LIVE – Alle aufgenommenen Sendungen, die so gesendet werden, als ob sie direkt übertragen wären.

Bei den wirtschaftlichen Nachrichten kann man nur GRAPHICS als Deckungsbild verwenden.

2. BILDERTYPEN

Z.B. Ein Flugzeug ist auf dem wichtigsten Fußballstadion der Stadt gestürzt. Die Nachrichtenansage hat vor 10 Minuten begonnen.

PRES I/V=COPY/SCRIPT – die am häufigsten benützte Weise, wenn kein Bild vorhanden ist. Die Nachricht wird mit den Wörtern: „Eine heiße Nachricht...." oder „Wir haben gerade eine Nachricht über...erhalten" beginnen können.

GRAPHICS – wenn die Zeit es erlaubt, kann der Grafikdesigner eine Karte produzieren, auf der man zeigen kann, das, was derjenige, der die Nachricht liest, über die Katastrophe sagt (wo sie stattgefunden hat). Wenn der Ort umbekannt ist, ist es nötig, ein INSET einzuführen – eine kleine Karte in einer Ecke des Bildschirmes, welche die Beziehung zwischen dem Ort und dem Land, wo die Katastrophe stattgefunden hat, zeigen muß. (eventuell auch ein Planglob, wenn das Land nicht sehr bekannt ist).

STILL/PHOTOGRAPHS – Die Redaktionen muß mit einem Bilderarchiv (Photos) der wichtigen Orte, Personen, Gebäuden, usw. eingerichtet sein. In diesem Fall kann man ein STILL Bild mit einem Typus des Flugzeuges und des Fußballstadions zeigen.

LIBRARY FOOTAGE – Die Redaktionen müssen Bilderarchiven für solche Nachrichten haben. Diese könnten bei der Herstellung einer W/P für die folgende Nachrichtenansage helfen. Man sollte in diesem Fall auch ein ASTON einführen, in dem gesagt wird, dass die Bilder aus dem Archiv sind.

TELEPHONE REPORT – Wenn der Reporter am Ort des Geschehens ist, kann er eine Berichterstattung am Telefon überliefern. Der Grafikdesigner kann ein Photo des Reporters im Bild einfügen.

NEW SHOTS – Das Team ist ausgebildet worden, die ersten aufgenommenen Bilder sofort zurück in die Redaktion zu bringen...die Zeit reicht aber nicht aus, um die Nachricht (die Bilder) herauszugeben. Man kann ein Teil der RUSHES/BRUT als W/P zeigen. Der Text wird die Aktualität der Bilder wiederspiegeln (immediacy) – „Wir haben gerade diese Bilder vom Ort des Unfalls erhalten..."

VOICER – Wenn die Bilder auf dem Weg in die Redaktion sind und du hast noch Zeit, einen Text zu schreiben, den du mit den herausgegebenen Bilder übereinanderlegen kannst, dann mach das. Ein VOICER ist eine Nachricht, die nur aus TEXT und BILD besteht, aber ohne SYNCRO (ohne Interview). Die Rolle eines Voicers ist, der Nachricht eine große Wichtigkeit zu verleihen und mehrere Details zu vermitteln.

PACKAGE – Sofort die Augenzeugen gefunden werden und Interviews mit dem Notdienst oder mit den ofiziellen Persönlichkeiten möglich sind, kann man das auf Stimme aufgebautem Material in einem Package erweitern. Das muß aus Text+Bild+Sync bestehen. Diese müssen im Laufe des Tages aufgestellt werden um mehrere Interviews, PTCs, usw. miteinzubeziehen.

LIVE – Wenn es ein freies Fahrzeug gibt, kann man zum Reporter direkt schalten, am Ort der Katastrophe, um mehrere Informationen zu übermitteln. Der Reporter muß neben sich eine Person haben, die er interviewen kann, um mehr Autorität und Informationen in der Nachricht zu bringen.

LIVE INTERVIEW – Noch mehr wäre angebracht, einen Experten im Studio zu bringen um mit dem Spracher ein Live-Interview zu machen. (Möglichkeit mit „Graphics"-Bilder von demjenigen der außerhalb des Studios interviewt ist – plan air).

3. DIE NACHRICHTENQUELLEN

DIE REPORTER (BERICHTERSTATTER) – sind im ständigen Kontakt mit den in den Nachrichten verwickelten Personen. Sie sollen ständig die zukünftige Nachricht suchen. Die Kontakte sind des Reporters Brot. Sie müssen ein Notizbuch haben, in dem alle die, die normalerweise in den Nachrichten verwickelt sind (sie stellen die Nachrichten auf, oder kommentieren sie) eingetragen werden. Hier müssen auch diejenigen vorkommen, die in mehreren Problemen Experte sind, oder nur in einem Bereich Fachleute sind.

DIE UNABHÄNGIGEN – verkauften Tips oder Nachrichten. Sie können natürlich auch die Reporter vertreten, wenn diese nicht im Studio sind (wenn sie nicht zur Verfügung stehen).

DIE DIENSTLEISTUNGEN DURCH KABEL UND DIE NACHRICHTEN-AGENTUREN – diese schließen internationale Dienstleistungen , wie z.B. Reuters, Associated Press oder France Press mit ein. Diese haben weltweit Reporter und versetzen Nachrichten, die anders für die Fernsehstationen (oder Rundfunk) unerreichbar sein würden. Die Fernsehstationen zahlen Gebühr, damit sie diese Informationen und Bilder verwenden können.

NACHRICHTENANSAGEN – besteht aus Informationen, die aus den Zeitungen gesammelt werden, Ideen von Reporter und Nachrichten über welche man im voraus weiß. Z.B. Prozesse.

ÜBERPRÜFUNGSANRUFE – es ist angebracht, von Zeit zu Zeit die Notfall-, Polizei-, Feuerwehr-, Krankenwagendienstleistungen anzurufen, wen auch immer in der Rettungsarbeit miteinbezogen ist.

DRUCKGRUPPEN – Bürger, die einen starken Standpunkt in Bezug auf ein bestimmtes Problem haben, werden selbst eine Gruppe bilden, die ihre Argumente durchsetzen werden möchte. Sie wünschen immer etwas, oder widersetzen sich.

PRESS RELEASES (PRESSEAKTEN) – Kommunikate. Sind von Kompanien, Druckgruppen, lokale und guvernamentelle Autoritäten, Organizationen gesendet, eigentlich von wem auch immer eine Botschaft veröffenlichen will. Manchmal sind auch Kassetten (Video oder Audio) eingeschlossen, um das Problem zu veranschaulichen. Es ist nötig, diese Kommunikate sehr aufmerksam zu selektieren, um unterscheiden zu können, ob die Information relevant für das Publikum ist, oder einfach nur Werbung.

4. DIE GRUNDLAGEN DER NACHRICHTEN

DIE RELEVANZ - damit eine Nachricht Impakt auf das Publikum hat, muß sie relevant sein und sie kann z.B. dadurch relevant sein, dass die berichteten Geschehnissen in der Nähe stattfinden. Die in der Nähe des Wohnorts passierten Tatsachen sind interessanter und wichtiger für der Zuschauer, als die, die in einer gewissen Ferne stattfinden. Dieses Problem kann auf das Leben, das Einkommen, die Wirtschaft des Landes , oder auf seine Gefühle wirken.

DIE AKTUALITÄT – das was jetzt geschieht ist eine Nachricht. Das, was gestren war, ist tod, ausgenommen es erscheint etwas Neues darüber. Die Nachricht gilt als Nachricht, nur wenn sie eine Neuigkeit ist.

DAS INTERESSE – die Nachricht muß dich dazu bringen, dich hinzusetzen und Notizen zu machen. Das Geschilderte muß eine große Anziehungskraft haben, andernfalls wird ein großer Teil der Zuschauer den Fernseher ausschalten. Aufgabe des Journalisten ist es, die Relevanz zu konturieren und sie klar und so interessant wie möglich darzustellen. Auf dieser Art und Weise werden die Zuschauer, dasjenige was sie wissen müssen und dasjenige, was sie wissen wollen, erfahren.

DAS DRAMA – Feuerschußwechsel, Mord- und Todschlag, Verfolgungen mit Autos stellen Material für Filme dar. Die Gefahr, das Abenteuer und der Konflikt ziehen die Aufmerksamkeit der Menschen an.

DIE UNTERHALTUNG – hängt von dem Stil des Nachrichtenprogramms ab. Zur Zeit sind viele Nachrichtenherausgeber der Meinung, dass es genau so gut möglich ist zu unterhalten, wie auch zu informieren. Die Idee, das Publikum nach einer leichten Nachricht am Ende der Ansage lächelnd zu lassen, ist jetzt sehr verbreitet. Es heißt ... „und, endlich..."

5. NACHRICHTENTYPEN

NOTFÄLLE – diese sind die wichtigsten Momente des menschlichen Dramas...Rettung aus dem Feuer, aus dem Wasser, eigentlich wann immer das Menschenleben in Gefahr ist, dann ist es eine Nachricht. Je breiter die Belegungsfläche eines Fernsehposten ist, desto mehr tragische Ereignisse müssen belegt werden. Es müssen aber diejenigen mit dem größten Impakt ausgesucht werden, sonst wird die ganze Nachrichtenansage voller Tragödien sein.

DIE GUVERNAMENTELLE LOKALE UND NATIONALE VERWALTUNG – die Entscheidungen der Regierung oder der lokalen Autoritäten, Entscheidungen die eine große Anzahl von Menschen betreffen, sind Nachrichten. Jedenfalls sind Regierungen immer an Werbung interessiert, so dass der Journalist festlegen muß, ob eine Entscheidung tatsächlich eine Wirkung auf das Publikum hat, oder ob sich der Politiker dadurch einfach nur Werbung machen will.

PLÄNE – der Bau von Gebäuden als Geschäfte, Wohnungen, Staßen usw. werden einen großen Impakt auf die betroffene Umgebung haben. Sie werden neue Vorteile anbieten, aber gleichzeitig werden sie auch Disfunktionalitäten verursachen.

KONFLIKTE UND KONTROVERSEN – diese können Straßenraufereien oder Meinungskonflikte sein. Jedes Problem hat in den Augen des Publikums zwei Seiten: eine Pro und eine Contra. Wenn beide Argumenre auf die Waage gestellt werden, so kann sich jeder einen eigenen Standpunkt über die wichtigsten Probleme machen.

INDUSTRIE – Anstellungen, Löhne sind wichtige Faktoren für das Leben vieler Menschen; somit stellen Investitionen in der Industrie die wichtigsten Nachrichten dar. Sie erscheinen besonders dann, wenn neue Arbeitsplätze geschafft werden, oder wenn große Entlassungen stattfiden.

GESUNDHEIT – ein neues Heilmittel, ein Problem bei den Gesundheitsdiensten, Geburt, Tod usw., können eine Nachricht sein, wenn sie aber wichtig sind und die Grundlagen der Nachrichten einhalten.

MENSCHLICHES INTERESSE – etwas Außergewöhnliches das einem gewöhnlichen Menschen geschehen ist. Es kann das Erweben eines Preises, eine ihm geschehene Tragödie usw. sein.

PERSÖNLICHKEITEN – ein Besuch eines Mitglieds der königlichen Familie, eines Filmstars, oder eines Politikers kann Interesse wecken.

SPORT – Ergebnisse und Tops.

SAISONNACHRICHTEN – Einkäufe für Weihnachten, die touristische Saison, das Wetter im Sommer oder im Winter.

WETTER UND DIE REISEN (DER TOURISMUS) – kann unsere Lebensweise beeinflussen.

TIERE – wenige Probleme rufen eine tiefere Reaktion hervor wie die netten Tiergeschichten. Sie sind für eine Endnachricht ideal.

6. DAS INTERVIEW

Das Interview ist wahrscheinlich der wichtigste Teil in der Arbeit eines Journalisten. Es kann eine Diskussion in einer Bar sein, die Informationenmit allgemeinem Charakter bringen kann, ein detailbringendes Telefongespräch, oder eine Aufnahme für eine Sendung.

Das Interview verleiht Autorität einer Geschichte. Ein Reporter kann eine Tatsache behaupten, aber wenn die Quelle die Information bestätigt, gewinnt sie viel mehr Überzeugungskraft. Einen guter Interviewer erkennt man an seiner Fähigkeit, den Gesprächspartner dazu zu bringen, klare Informationen zu übermitteln und allen verbreiteten Meinungen Stand zu halten. Der Zuschauer kann sich selbst eine Meinung über das Gesagte machen. Die Reporter müssen sich darum bemühen, eigene Gedanken und Vorurteile beiseite zu lassen, wenn sie ihre Glaubwürdigkeit als Journalisten behalten wollen.

Ihre Aufgabe ist nicht kostenfreie Werbung anzubieten. Sie vertreten den Zusachuer und müssen an seine Interessen denken.

Sie sind auch nicht angestellt um die eigene Meinung auszudrücken und im Allgemeinen sind sie auch nicht dafür ausgebildet. Das Publikum will die Meinung der Experten, oder derjenigen, die dem Thema naheliegen. Der Journalist muß (und ist) die einzige Waffe gegen Propaganda sein und gleichzeitig ist er die einzige Chance des Publikums zur Wahrheit Zugang zu haben. Er hat die Möglichkeit die Fragen zu stellen, die das Publikum stellen würde, aber dazu keine Gelegenheit haben.

Der Journalist, der eigene Ansichten und Ideen mittels seiner Arbeit veröffentlichen will, wird nicht lange Zeit an derselben Stelle arbeiten.

Der Interviewer wird seine Meinungen beiseite lassen und mit Gegenargumenten kommen müssen (manchmal sogar den Teufelsanwalt spielen) um die Überzeugungen des Gesprächspartners zu überprüfen.

WAS MAN MACHEN SOLL UND WAS MAN NICHT MACHEN SOLL

1. Mach so viele Forschungen wie möglich. Es ist nicht schlecht dich jemandem zu widersetzen, wenn er deine beweise bezweifelt.
2. Schreib dir einige Fragen auf, um sie nicht zu vergessen, aber stelle sie NICHT, wenn das Interview gut läuft.
3. Versichere dich, dass deine Fragen zielgerichtet sind. Versuche NICHT sie viel zu allgemein zu machen, in der Hoffnung, dass etwas Interessantes herauskommen wird.
4. Wenn das Interview live gesendet wird, stelle kurze Fragen, sonst wirst du zu viel Zeit verschwenden und verwirrt wirken.
5. Wenn du nur einen Teil sync. aufnimmst, stelle solange die Fragen bis dich die Antworten zufriedenstellen.
6. Diskutiere die Fragen mit dem Gesprächspartner NICHT aus; die Antworten würden unnatürlich klingen und nicht spontan sein.
7. Fang den Blick des Gesprächspartners. Das hilft dem anderen Vertrauen einzuflößen und lenkt seinen Blick von der Kamera ab.

INTERVIEWTYPEN

Jede Interviewform hat eine andere Betrachtung nötig. Wenn der Interviewer zu grob mit einem schwachen Subjekt ist, wird er das Publikum nicht beeindrucken können. Wenn er zu schwach mit einem starken Subjekt ist, wird er ebenfalls das Publikum enttäuschen.
GROBE DARLEGUNGEN – kann Fragen der Art „Ja aber....“, oder „Einige sagen, dass..“. Diese Diese kräftige Anlegung muß nur in außergewähnlichen Situationen verwendet werden. Es wäre unsinnigsein, eine Wohltätigkeitsgesellschaft bezogen auf die Pläne für ein neues Waisenhaus zu untersuchen, solange man keine reelen Daten über Koruption hat. Es ist außerdem noch sehr wichtig dich persönlich nicht einzumischen. Du kannst einen falschen Eindruck machen, so dass der Gesprächspartner als dein Opfer erscheinen kann. Es ist auch deshalb gefährlich dich einzumischen, weil du wegen Parteilichkeit angeklagt werden kannst.
BENACHRICHTIGUNG – es ist wahrscheinlich am leichtesten zu machen, weil dafür nur Tatsachen nötig sind. Die wichtigste Aufgabe des Journalisten ist Fragen zu stellen, die dem Gesprächspartner helfen sollen sich klar auszudrücken. Der Journalist soll sich auf die Antworten konzentrieren und muß sich versichern, dass diese eine gute Beschreibung der Information anbieten.
EMOTIONELLES INTERVIEW – wahrscheinlich am schwersten zu schaffen. Der Journalist muß sensibel und gutmütig sein. Du mußt deinen Gesprächspartner entspannen und sein Vertrauen gewinnen, wenn die Hoffnung besteht, ihm dadurch beim Ausdrücken zu helfen, um eine Krise vorzubeugen.
„Im Falle des emotionellen Interviews ist die Regel, vorsichtig zu treten, wenn dein Fuß in jemandens Herzen ist und dann nur dort herumzulaufen, wo es dir erlaubt wurde.“
Du mußt deinen Gesprächspartner ermutigen etwas zu sagen. Vermeide Fragen, die mit JA oder NEIN beantwortet werden können.
Denke daran, dass viele von denen, die du interviews nicht daran gewöhnt sind, vor einer Kamera zu stehen und Hilfe brauchen.
Also anstatt zu sagen: „Also warst du dort, als das Schiff untergegangen ist?“ JA- Es ist besser: „Kannst du beschreiben, was geschehen ist...?“ oder „Was geschah als....?“ oder,

anstatt zu sagen: „Glauben sie, dass sie die Wahlen gewinnen werden?“ JA/NEIN – es ist viel besser: „Glauben sie an ihre Chancen bei diesen Wahlen?“

ENTRISSENE INTERVIEWS – können gut sein, wenn sie rechtfertigt sind. Sie können als Ergebnis ein einfaches „No comment“ haben, aber diese Aussage kann selbst sehr viel aussagen. Der Reporter muß versuchen eine Reihe von Fragen zu stellen, die das von ihm Gewollte beweisen sollen. Das „geht“ gut wenn du den Gesprächspartner im Vordergrund hast, so dass der Zuschauer seine Reaktion beobachten kann, aber im Falle, dass dieser schweigt , dann folgt ein big-close-up.

Natürlich ist es wichtig diese Technik anzuwenden, wenn es sich um ein Problem von allgemeinem Interesse handelt. Auch muß man nichts aussagen, was als eine Verleumdung betrachtet werden könnte.

UNTERHALTUNG – wenn du jemanden, der berühmt ist, interviews, sollst du nicht vergessen, wer der „Star“ ist. Nichts ist aufreizender als ein Reporter, der wichtiger zu erscheinen versucht, als derjenige, den er interviewen muß. Wenn die Person bekannt ist, oder etwas Außergewöhnliches getan hat, besteht die Chance, dass sie etwas Interessantes über ihr Leben zu sagen hat. Wieder einmal, versuche ihr Vertrauen zu gewinnen und lass sie sprechen.

7. RATSCHLÄGE: WIE SOLL MAN FÜR DIE SENDUNG SCHREIBEN?

MACHE ES SO EINFACH WIE MÖGLICH.

MACHE KURZE UND BÜNDIGE SÄTZE.

JEDE NICHT LEBENSWICHTIGE TATSACHE KANN BEISEITE GELASSEN WERDEN.

Als eine allgemeine Regel, versuche eine einzige Ideein einem Satz einzuführen. Kleinere Stücke sind einfacher zu verschlingen.
Die beste Möglichkeit zu überprüfen, ob ein Text gut ist, ist IHN MIT LAUTER STIMME VORZULESEN. Wenn er falsch klingt, DANN IST ER FALSCH.
Die Journalisten müssen lernen, die nachricht besser zu SAGEN, als zu schreiben. Die Zeitungsleser können unverstandene Sätze wiederlesen. Der Fernsehjournalist hat nur eine Chance sich verständlich zu machen.

BENÜTZE DIE UNTERHALTUNGSSPRECHWEISE und nicht die Sprechweise, mit der du die Zuschauer von der Universität beeindrucken willst. Erinnere dich daran, dass diejenigen, die du ansprichst einfache Leute sind, die sich unwohl fühlen könnten, wenn du nicht familiäre Wörter verwendest. Auch hassen sie es, wenn sie von oben angesprochen werden. VERWENDE NIEMALS KOMPLIZIERTE WÖRTER, wenn du ein einfaches Wort verwenden kannst. Verwende NIEMALS FREMDE SATZGEFÜGE, WISSENSCHAFTLICHE WÖRTER ODER UNGEWÖHNLICHE SATZGEFÜGE. ÜBERTREIBE UND ÜBERBIETE NIEMALS. (z.B. sage Toilette und nicht öffentliches Klosset).
Ofizielle Papiere neigen in einem ofiziellen Stil geschrieben zu werden. Die Aufgabe des Reporters ist diese in der Umgangssprache zu übersetzen und sie zu erklären. SAGE SIE, als ob du sie deiner Mutter, deinem Bruder, deinem Freund, jedwelchem Menschen auf der Straße sagen würdest.
VERMEIDE SATZGEFÜGEN MIT MEHREREN SÄTZEN; z.B. „Die Katze saß auf der (Binsen-) Matte.“ Die Botschaft ist klar und leicht zu verstehen. „Die schwarze Katze, die

sechs Kätzchen hat und die der alten Dame gehört, die jeden Morgen zum Bus zwei Einkaufstüten trägt, saß auf der Matte.“ Die Botschaft enthält zu viele Informationen, es ist viel zu schwer diese aufzunehmen, vor allem, dass keine Möglichkeit besteht, sie wiederzulesen.

VERMEIDE DIE UMGETAUSCHTEN SÄTZE – der Zuschauer muß sich die Information merken, also mußt du logisch schreiben. Lege die Hauptidee dar und erkläre sie dann; z.B: „Wegen der Verkleinerung der Raten bei den Hypotheken, die die Bevölkerung ermutigt haben sich Wohnungen zu kaufen, ist der Preis der Gebäuden wiedre gestiegen.“ Besser: „Die Preise der Gebäuden sind wieder gestiegen. Die Verkleinerung der Raten bei Hypotheken hat zu einer Vergrößerung der Wohnungennachfrage geführt.“

KNÜPFE AN DIE DER MASSE FAMILIÄREN SACHEN AN – wenn du etwas Kompliziertes beschreibst, ist es nützlich Abbildungen zu verwenden: z.B: „Die Regierung hat den Bau eines riesigen Skyskrapers in der Innenstadt Wellingtons genehmigt. Crane-Towers wird 987 Meter hoch sein.“ Besser: „Crane –Tower wird eine Höhe von fast 1000 Meter haben. Er wird höher sein als der Eiffel Turm und ungefähr dreimal die Höhe des Heiligen Paul`Dom haben.“

VERWENDE NIEMALS WÖRTER, DIE EINE MEINUNG SUGGERIEREN – als Reporter vermittelst du Daten und der Interviewte drückt Meinungen aus. Der Zuschauer wird die Schlußfolgerungen ziehen. Also muß der Text keine Wörter enthalten, die den Eindruck einer Meinung geben können.

DIE EINFÜHRUNG – ist bekannt unter dem Namen **INTRO** oder **CUE** oder **LINK** oder **LEAD IN**. Es ist der Teil den der Sprecher liest um eine Nachricht einzuführen. Es ist nötig, dass dieser die Aufmerksamkeit des Zuschauers aufweckt und ihm genau sagt, worüber in der Nachricht die Rede ist. Ermuß sagen, wieso die Nachricht wichtig ist und die Richtung angeben, die diese folgen wird. Es ist aber zugleich nötig nicht Vieles zu sagen, um den Impakt der Nachricht nicht zu vernichten.

DIE EINFÜHRUNG muß die Nachricht **VERKAUFEN**. Dein Ziel muß derjenige sein, die Geschichte in 20-30 Wörter zu fassen. Selektiere das **SCHLÜSSELWORT** und versuche es in einem „heute“-Winkel zu setzen. Das kann dir helfen, dir die Headline aus der Zeitung vorzustellen; z.B: ein Autoumfall hat stattgefunden in dem 20 Menschen umgekommen sind. Unfälle finden häufig statt, also wichtig ist, dass 20 Menschen umgekommen sind. Headline in einer Zeitung kann in diesem Fall sein: „Zwanzig Menschen sind in einem Unfall umgekommen".

Also für den Fernseher kann man sagen: „Zwanzig Menschen sind heute morgen in einem furchtbaren Autounfall in London um das Leben gekommen. Die Polizei sagt, dass die Autofahrer zu schnell bei Nebel gefahren sind."

Also, wichtig ist: Verwende immer IMMEDIACY.

DER BAU EINER NACHRICHT – kann eine Sache sein, die am schwersten zu entscheiden ist. Die Reihenfolge der Informationen ist der Schlüssel, die Nachricht leicht verständlich zu machen. Eine Formel, die von vielen Journalisten in Zeitungen und Rundfunk verwendet wird, ist die der Beantwortung folgender Fragen:

WAS ist geschehen?

WO?

WANN?

WIE?

WARUM?

WER war daran beteiligt?

WAS für eine Bedeutung hat das, was geschehen ist?

Und noch mehr Informationen dazu, wenn es die Zeit erlaubt.

Diese ist eine Formel, die nützlich zu verfolgen ist. Der Journalist muß Text und Bilder miteinander verbinden. Im Bildfunk lautet die Regel: Laß DIE BILDER VON SELBST SPRECHEN.

Das bedeutet, dass der Fernsehjournalist die Bilder beachten muß, wenn er den Text schreibt.

Eine andere Formel, die beim Bau einer Nachricht helfen kann, ist das WHAT.

WAS ist geschehen? Intro faßt die Nachricht zusammen.

WIE ist das geschehen? Erklärt die Hauptinformation.

Die Nachricht muß auf die Fragen WER, WAS, WANN, WO, WARUM antworten, aber nur in der von den Bildern angegebenen Reihenfolge.

DIE ZEIT - der Vorteil der Tv-Nachricht ist die Aktualität (immediacy). Der Zuschauer kann die Nachricht verfolgen genau dann wenn sie sich abspielt. Um den Aktualitätssinn zu unterstreichen, verwenden viele Redakteure Präsens oder Präteritum eher als die Vergangenheit; z.B: Zeitung: „Ein Aufstand der gestern in Jordanien stattgefunden hat, hatte als Folge 16 Tote."

TV: „16 Menschen sind jetzt wahrscheinlich tod in einem Aufstand, der sich in Jordanien weiter abspielt."

Das Wort „gestern" ist im Fernseher zu vermeiden, denn es erzeugt augenblicklich den Eindruck des Alten, einer alten Nachricht. Wenn es aber notwendig ist, so ein Wort zu verwenden, soll es nicht in den ersten Sätzen vorkommen. Die Zeit kann ebenfalls eine Nachricht datieren, so dass eine Verabredung, die heute morgen stattgefunden hat, viel aktueller klingen kann, als wenn ich sage, dass sie heute stattgefunden hat.

SAGE NICHT, WAS MAN SEHEN KANN.

Dein Text muß das aussagen, was für die Zuschauer nicht selbstverständlich ist. Auch wenn du die Details der Story von der Polizei kennst, mußt du wissen, was für Bilder du hast, um entscheiden zu können, was für Informationen du noch bringen mußt.

DER ANFANG, DIE MITTE, DAS ENDE DER NACHRICHT.

Wenn du dir deine Bilder anschaust , mußt du immer ein kräftiges Anfangsbild aussuchen, um die Aufmerksamkeit des Zuschaers aufzuwecken. Viele Bürger beschäftigen sich mit anderen Sachen während sie fernsehen, oder Radio hören. Bis du ihre Aufmerksamkeit nicht weckst, werden sie sich nicht auf den Rest deiner so gepflegten und schön aufgebauten Nachricht konzentrieren.

DIE MITTE - gibt dir die Möglichkeit die Story zu erklären, damit die weiterhin interessant bleibt.

DAS ENDE – muß ebenso kräftig wie der Anfang sein, um einen finalen Impakt lassen zu können. Dein Ziel muß sein, am Ende ein kräftiges Bild mit dem Text zu veknüpfen.

z.B. du hast eine Nachricht über einen Wohltätigkeitsplan für den Bau eines Heims für Obdachlose. Du hast die Bilder mit Jan , der auf der Straße lebt und jetzt die Chance hat, in einem Heim zu leben. Du hast ein Interview mit Jan. Du hast ein Interview mit einem Mitarbeiter der Wohltätigkeitsorganisation, der mit dem Projekt beauftragt ist. Du hast ein Interview mit einer Persönlichkeit aus der Regierung, die das Projekt beaufsichtigt. Du hast eine Statistik mit der Anzahl der Obdachlosen aus der betreffenden Gegend. Die besten Bilder sind diejenigen mit Jan. BEGINNE mit Jan. Er hilft dir das Problem in Bilder zu beschreiben. Jetzt kannst du zu Erklärungen, Informationen und Meinungen leiten, indem du die Interviewten verwendest. Du kannst GRAPHICS anwenden, um die Statistik zu veranschaulichen. Jan kann ebenfalls der beste Weg sein, die Story mit beeindruckenden Bilder zu beenden. Also muß dein Text auf ihn zurückkommen, um die Nachricht zu beenden.

Ein Beispiel für den Abschluß: „So wie Jan die Hintertür eines Geschäftes gefunden hat, um sein Bett für die nacht einzurichten, hofft er, dass der Wohltätigkeitsplan verwirklicht wird und in der Zukunft die Chance haben wird in einem Heim zu schlaffen und nicht mehr auf der Straße."

Einige TV- Sensationen enden gewöhnlich mit einem PTC.

8. PIECES TO CAMERA

Die Hauptgründe um PTC anzuwenden sind:

1. Wenn du kein Bild hast. Es kann passieren, im Falle eines Prozesses z.B., wo keine Videokamera erlaubt ist.
2. Wenn die Tv-Station seinen Reporter in der Mitte der Geschehnisse schickt. Das beweist die Bedeutung der Nachricht und andererseits ist es nützlich dem Zuschauer zu zeigen, dass die Story auch aus lokaler Hinsicht einen Hintergrund hat.
3. Einige Tv-Stationen haben das so entschieden, dass der Reporter die Nachricht mit einem PTC beendet. Diese wird normalerweise mit einem STANDARD OUT –CUE oder SOC beendet. (Lucian Stefanescu BBC News in Rumänien)
4. PTC kann zur Beibehaltung des Gleichgewichtes einer Nachricht helfen. Wenn eine betroffene Seite nicht für ein Interview zur Verfügung steht, aber eine Zeugenaussagen vermitteln kann, dann kann diese vom Reporter gelesen werden, um einen ausgeglichenen Bericht als Ergebnis zu haben.
5. Wenn eine der Seiten ein Interview nicht geben will, dann kann man im PTC sagen: „Ich habe gefragtin Verbingung mit....aber er hat die Frage abgelehnt.“

Die PTCs können Impakte erzwugen, Informationen und Bilder bringen. ABER es ist wichtig einen geeigneten Platz für diese zu finden. Wenn du ein PTC machst, welches eine Zeugenaussage vermittelt, dann mußt du vor dem Gebäude der Organisation filmen, wo die Aussage gemacht wird.

DER HINTERGRUND MUß IMMER RELEVANT SEIN.

Es ist ebenfalls sehr wichtig PTC mit viel Einbildungskraft zu machen. Sie müssen nicht nur einfache Aussagen vor einem Gebäude sein.

9. WIE MAN EINE NACHRICHT AUFBAUT

INTRO / LINK – Es ist immer eine gute Idee das INTRO zuerst zu schreiben. Das hilft dir, dich genau auf das Thema der Nachricht zu konzentrieren und die gewollte Richtung zu geben. Die INTROs müssen kurz sein, aber wenn Informationen beigefügt werden, ist es gut, dass sie graphisch illustriert werden. Erinnere dich, dass du fern schaust und dass ein Sprecher die Aufmerksamkeit ablenken kann, weil der Zuschauer sich nur die Person ansieht und keine andere visuelle Information über dir Nachricht empfängt. Wenn die Möglichkeit besteht, „INSET“ zu verwenden, denke an das Bild, welches mehr Impakt dem INTRO geben kann.

DIE NACHRICHT

1. Schreibe dir drei oder vier Schlüsselelemente auf, die in deiner Nachricht sein müssen.
2. Denke genau nach, was für VISUELLE Möglichkeiten du hast: Bilder auf Video, die Graphik, Bilder aus dem Archiv usw. Dann entscheide welche die passendste Eröffnungssequenz ist, die Bilder die den größten Impakt haben werden und welche die besten Schlussbilder sind.
3. Verfolge deine Bilder und schreibe dir jede passende Gelegenheit auf um UPSOVT zu verwenden oder die Momente, wenn die Bilder zusätzliche Erklärungen benötigen.

   Vergiss nicht, dass Bilder tausend Worte sagen.

   Die Geschwindigkeit der Nachrichten bietet dir nicht immer die nötige Zeit, alle Bilder zu besichtigen, aber wenn du mit dem Kameramann am Ort der Aufnahme warst, mußt du eine Idee haben, was dir nützlich ist.
4. Jetzt kannst du mit dem Schreiben des Textes beginnen. Die Länge jedwelcher IDEE wird nach der Länge der Nachfolge der einzelnen Bilder entschieden.

   Mache dir einen Slogan auf dem Computer, der folgendes aussagt:

   „Was sehen wir uns jetzt an?“

„Was suchen wir jetzt?“

5. Du hast den Text zu Ende geschrieben. Nun versichere dich, dass du nicht dieselbe Information und dieselben Wörter verfolgt hast, die auch im INTRO / LINK erscheinen.
6. Fast Immer muß die Story mit einer ILLUSTRATION des Problems beginnen.
7. Ein Bild sagt tausend Worte aus, aber es kann pasieren, dass sie die Bedeutung eines Vorfalls nicht erklären können. Du mußt die Bilder niemals beschreiben, aber manchmal mußt du sie erklären. Z.B: ein Händeschütteln zwischen zwei Weltleader ist meistens viel mehr wert als eine Begrüßung, besonders wenn sie eine Vereinbarung besiegelt.
8. Manchmal können Bilder den Text widersprechen, also ist es nötig, diese zu erklären. Z.B. ein optimistisches Bild nach einem unproduktiven Treffen. Du kannst etwas der Art sagen: „Verachtet das Lächeln, wir sind zu keinem Einverständniß gekommen.“
9. Wenn die Bilder nicht direkt miteinbezogen sind in dem was du sagen willst, kannst du beispielweise sagen: „Die Panzer haben in ungefähr demselben Augenblick die Grenzen überschritten, in dem die Mittler das Aufhören der Schüsse angekündigt haben.“
10. Wenn du kein Interview machst, sorge dafür, dass du SET-UP SHOTS hast (Bilder des Interviewten in einer relevanten Reihenfolge). Das kann dir die Chance geben, die Identität des Interviewten festzulegen, bevor er in Sync erscheint. Z.B: es ist nicht nötig zu sagen, wer diese Person ist, weil der ASTON diese Information überliefern wird.

    WENN DU DEINEN TEXT SCHREIBST, MUSST DU GENAU WISSEN MIT WELCHEN WÖRTERN DER INTERVIEWTE ANFANGEN WIRD, UM DAS WIEDERHOLEN DERSELBEN ZU VERMWIDEN.
11. Die Regel vertauscht sich wenn der Text nach einem Syncro folgt.
12. Ende mit Bilder. Wenn du mit Sync endest, wird das Bild des Interviewten sehr ähnlich sein mit dem Bild des Sprechers. Oft wird das als einen Sprung im Rahmen (JUMP- CUT) aussehen. Also kann das Material so scheinen, als ob es unbeendet wäre.

13. Wenn du die Orte, über welche du redest, wechselst, ist es nötig den Zuschauer zu informieren, damit es zu keinen Mißverständnissen kommt.
14. Achte immer darauf wenn du Archivmaterial verwendest, dass du alles datierst, was du erwähnst: z.B: wenn es ein wichtiges Treffen war, dann informiere: Jahr / Monat / Woche.
15. Nimm dir die TIME-CODS für alle Interviews und Bilder auf, die du verwenden willst, so verschwendest du keine Zeit mit der Suche von Bilder bei der Herausgebung.
16. Erinnere dich daran, dass das INTRO die Nachricht schon vorgestellt hat, also versichere dich, dass der Text nicht dieselben Informationen auf dieselbe Art wiederholt.
17. Die Bilder sind sehr wichtig, aber sie dürfen nicht betrügen. Z.B. verwende nicht die Bilder eines beliebigen Hauses, um den Eindruck zu erwecken, dass es der Ort des Mordes ist. Es ist nötig, dass du deine Nachricht vorstellst, aber merke dir, dass deine wichtigste Aufgabe die Darstellung der Wahrheit ist, sowohl in Bilder, als auch in Wörter.
18. Widersprüche zwischen dem was auf dem Bildschirm erscheint und dem was du sagst, können Mißverständnisse verursachen. Die Augen schauen nicht mehr und die Ohren hören nicht mehr zu.

DIE STIMME IN DER AUFNAHME

1. So wie du dich darum kümmerst, dass die Bilder und der Text Hand in Hand gehen, genau so wichtig ist es, dass die Stimme und der Text in Harmonie sind.
   Wenn die Wörter Taten beschreiben, muß die Stimme informativ klingen.
   Wenn die Nachricht tragisch ist, muß die Stimme verständlich und emotionell klingen.
   Wenn die Nachricht amüsierend ist, mußt du ein kleines Lächeln in deiner Stimme setzen.
   Die Kraft des Textes ergibt sich aus der Kraft mit der du ihn vorstellst.

2. Deine Stimme muß so klingen, als ob du die Nachricht sagen würdest und nicht als ob du sie liest. Versuche so natürlich wie möglich zu klingen. Führe Modulationen in deiner Stimme ein: sei stark und positiv, sanft und verständlich, hell und strahlend, als ob du einen Freund beschreiben würdest. Klinge aber nicht parteiisch.
3. Verwende den niedrigsten Ton deiner Stimme. Sage die Wörter mehr aus dem Bauch als aus dem Hals.
4. Die Atmung hilft bei der Vorstellung. Ein guter Text ermöglicht eine natürliche Atmung. Lage Sätze machen die Vorstellung schwer.
5. Atme immer und lasse eine Sekunde bevor du mit dem Text beginnst, damit der Herausgeber den IN nach dem Atmen festlegen kann. Außerdem versuche möglichst leise zu atmen, wenn du den Rest des Materials liest.
6. Wechsele den RYTHMUS. Nicht alle Wörter müssen dieselbe Länge haben. Nicht alle Sätze müssen gleich lang sein. Du kannst den Rythmus der Wörter oder der Sätze verlangsamen oder beschleunigen damit der Text konversationell klingt; so wie es dann klingt, wenn du eine Geschichte schilderst.
7. Die im Text unterstrichenen Wörter müssen betont werden. Setze Striche, die steigen oder senken, um zu wissen, wo du die Stimme erhöhen oder senken sollst. Diese können dir zeigen, wo du deine Betonung ändern mußt. Denke an einige Zeichen, die dir bei der Vorstellung oder Vorlesung helfen können.

10. WIE EINE REDAKTION FUNKTIONIERT

DER DIREKTOR – seine Aufgabe ist die technische Seite des Programms zu überwachen. Er ist der Chef der Kontrollkamera (Senderegie), sitzt in der Mitte des Kontrolltisches und gibt den Kameraleute Anweisungen für den Rahmen. Alle von den Kameras gelieferten Bilder, die vorher aufgenommenen Nachrichten, die Photos, die Graphics und Astons nehmen die Richtung der Kontrollkamera, wo der Direktor entscheidet, wann jedes Bild, jede Nachricht usw. gesendet wird.

Während des Tages ist er verantwortlich für die Aufnahme und Bereitstellung aller für die Sendung nötigen Elemente (außer der Nachrichtenpakete). Diese schließt die Anfangs- und Schlußgattungen (generic), das Wetter, die ökonomischen Nachrichten und jedwelche andere „graphics", Bilder usw mit ein.

Auch wird er vorher genau entscheiden was für Quellen für jedes INTRO und PACKAGE gebraucht werden und diese auf den Texten schreiben. Die Texte werden alle Endwörter und die Dauer beinhalten müssen. Wenn es möglich ist, muß der Direktor versuchen, alle Nachrichtenaspekte zu besichtigen, um sich mit dem Angang und dem Ende vertraut zu machen. Das wird ihm bei der Entscheidung helfen, wie er die Senderegie aufstellen wird.

Die Kasette 5 Sekunden vor dem Sendeeintritt in Position stellen, damit sie Zeit hat, sich auf den Videokopf niederzulegen. Der Direktor muß vom Ende des INTROs zurückzählen und das Wort einkreisen (drei Wörter pro Sekunde). Wenn der Sprecher dasjenige Wort sagt, muß der Direktor „RUN VT" sagen, um dem VTR Operateur anzudeuten, dass er die Videokasette laufen lassen muß.

Auch muß er den Operateur vom Videomix belehren, was für Quellen er zu schreiben hat und in welcher Reihenfolge.

Die Stimme des Direktors und die des Assistentproduzenten (PA) sind die einzigen, die man in der Regiekamera hört.

Damit alles perfekt ist, muß der Direktor organisiert sein.

DER ASSISTENTPRODUZENT oder PA – ist immer einen Schritt vors Programm. Er muß jedes INTRO messen und die Zeit für den Rest der Nachricht hinzuzählen. Er wird während des Nachmittags als Nachrichtenherausgeber arbeiten, um sich zu versichern, dass das Programm zeitlich stimmt. N.B. Jede Änderung im Text uws. muß von dem Nachrichtenherausgeber (Newseditor) gemacht werden, also muß de PA den Nachrichtenherausgeber informieren. In der Senderegie muß der PA zwei Stoppuhren haben. Eine der Uhren wird am Anfang des Programms gestartet und wird während des ganzen Programms laufen, so dass der PA überprüfen kann, ob das Programm zeitlich stimmt.

Wenn das Programm im Rückschritt mit der Zeit läuft, muß der PA den Nachrichtenherausgeber informieren und dieser wird entscheiden, was beendet wird, um sich mit der Zeit zu synchronisieren. Der Nachrichtenherausgeber wird den Direktor benachrichtigen müssen.

Um zu überprüfen, wie das Programm läuft wird sich der PA über jeden Schritt notieren müssen, bei welcher Sekunde das Intro eintreten muß. Die weite Stoppuhr muß eingesetzt werden, um zu informieren, wenn jede Kassette sich dem Ende nähert. 10 Sekunden vor dem Ende muß der PA das OUTWORK der Nachricht sagen. 5 Sekunden vor dem Ende wird der PA bis zum Nachrichtenschluß zurückzählen.

Z.B.: bei 10 Sekunden sagt er: „die letzten Wörter sind....“;

bei 5 Sekunden sagt er: „Eintreten in 5, 4, 3, 2, 1, 0“

Die Endaufgabe des PA ist es, den Austritt aus dem Programm zeitlich zu messen. Das macht man indem man die erste Stoppuhr während des Wetterberichtes verfolgt und alle darauf warnt, dass nur noch eine Minute übrig geblieben ist...dann 30 Sekunden....dann 20 Sekunden, dann zählt er zurück von 10, 9, 8, 7, 6, 5, 4, 3, 2, 1, 0.

DER VIDEO MIXER OPERATEUR - folgt die vom Direktor gegebenen Anweisungen. Er schneidet zwischen den verschiedenen Quellen. Diese können normalerweise Videoplayers oder Sendekameras von außerhalb des Studios sein – mit anderen Wörter, Kameras die live übertragen – Reportagen überdecken.

DER VTR OPERATEUR – muß sich versichern, dass er alle für das Programm nötigen Videokassetten hat. Sie müssen sehr klar beschriftet werden und in der Reihenfolge der Benutzung geordnet sein. Der VTR Operateur muß auch eine Kopie des Skriptes haben und muß mit dem Direktor abmachen, von welchem Videoplayer die Kassetten gesendet werden. Er wird die Videoplayers erst beim Signal des Direktors einschalten.

DER NACHRICHTENHERAUSGEBER / PRODUZENT – ist für den Inhalt des Programms verantwortlich und entscheidet was für Nachrichten gesendet werden (während der morgigen Redaktionsitzung). Er wird die morgigen Sitzungen mit den Reporter und der technischen Mannschaft leiten um zu entscheiden, welche der Nachrichten entwickelt werden können. Bis 10.30 a.m. müssen die Anrufe und die Transporteinrichtungen gemacht werden und die Mannschaft muß geschickt werden. Der Produzent ist dafür verantwortlich, dass die neuen Nachrichten zeitgemäß produziert und herausgegeben werden. Er muß alle möglichen Einrichtungen einsetzen um sich zu versichern, dass alle voll arbeiten. Er muß für jedwelche neue Nachricht, die erscheinen kann, vorbereitet sein und muß entscheiden ob und wie diese in den Bericht eingeführt wird. N.B. Außer den auf Kassetten aufgenommenen Nachrichten kann das Programm noch „live“ Interviews beinhalten oder von dem Sprecher gelesenen Nachrichten.
Sobald wie möglich muß er eine Reienfolge für den Ablauf der Materialien aufstellen und mit dem Direktor ausdiskutieren, was er für den Nachrichtenprogramm gebrauchen wird. Er wird auch entscheiden, wieviel Zeit jedem Reporter zugeschrieben werden kann. Auch muß er den Reporter verlangen, so schnell wie möglich die INTROs zu schreiben. Jetzt kann er zusammen mit dem PA arbeiten um sicher zu sein, dass das Programm zeitlich stimmen wird. Er ist für die Überprüfung der Texte und Bilder aus der Nachricht zuständig, um sicher zu sein, dass alles unproblematisch ist und der Inhalt des Nachrichtenprogramms perfekt ist. Während der Sendung ist er derjenige, der die Änderung machen wird, um sich zu versichern, dass das Programm zeitlich stimmt.

DER MORGENREPORTER (ERSTSTUNDE REPORTER) – beginnt die Arbeit um 8.00 a.m. Er wird direkt mit den Kabeldiensten und der Zeitungen in Verbindung treten, die konkurenten Radio- und TV – Sender verfolgen und er wird die Überprüfungsanrufe bei der Polizei, der Feuerwache, dem Notdienst machen, um zu erfahren, was noch geschehen ist. Er wird die Liste überprüfen mit allen Nachrichten, die im Abendprogramm verwendet werden können. N.B. diese Liste wird ein Tag vorher von dem Forward Planning Editor begonnen. Jedwelche Nachricht, die in der Zukunft genutzt werden kann, muß im täglichen Bericht notiert werden.

In den restlichen Stunden des Tages wird der Morgenreporter mit dem Nachrichtenherausgeber arbeiten um ihm zu helfen, die Interviews für die Reporter vorzubereiten, er wird die Faxen und die durch Kabel, Tv oder Radio gesendeten Mitteilungen überwachen und jedwelche W/P Nachricht, die für den Nachrichtenherausgeber interessant scheint, aufschreiben.

DER REPORTER – ist verantwortlich für den Inhalt der von ihm gebrachten Nachricht. Er muß darauf achten, dass er in der Nachricht alle Stichpunkte darstellt. Im Augenblick, wo er in der Redaktion angekommen ist, muß er das INTRO schreiben, es auf dem Prompter und in der Liste mit Einführungen eintragen. Wenn er die Tonaufnahme beendet hat, muß er dem PA die Zeitdauer der Nachricht sagen, sowie auch welche die Endwörter sind, damit diese auf der Einführungsliste (cue sheet) notiert werden. Der Reporter muß die TV Nachricht bis zum vom Nachrichtenherausgeber angesagten Termin beenden.

DER BILDOPERATEUR (KAMERAMANN) – arbeitet mit dem Reporter. Er muß eine breite Bildervielfalt für jedes vom Reporter verlangtes Problem anbieten und liefern. Wenn z.B. über ein Gebäude gesprochen wird, so muß der Operateur Zoom, Pull Out, Pan in beiden Richtungen haben und eine Auswahl von statischen Bilder, die Zeichen, Symbole, Formen usw. beinhalten.

Erinnere dich an die Sequenzialität. Jedes Interview muß Überdeckungsrahmen beinhalten. Wenn der Interviewte etwas Persönliches im Interview erwähnt – ein Photo, eine Karte, ein Tier usw. – versuche ein Bild zu erhalten, das einen Überdeckungsrahmen liefert.

Frage umbedingt den Reporter über seine Bedürfnisse und versuche Vorschläge anzubieten. Stelle dir immer eine Liste mit den aufeinanderfolgenden Bilder auf, die du in den Interviews nehmen willst.

Schreibe immer auf die Kassette, was du gefilmt hast (z.B. Bilder mit der Bank, Interview mit X, PTC, usw.).

11. SHORT TAKES

„Wenn ein Hund einen Menschen beißt, ist das keine Nachricht, aber wenn ein Mensch einen Hund beißt, dann ist es eine.“ (Charles Dana)

„Die Nachricht ist was auch immer den Rezipienten dazu bringt `Verflucht!´ zu sagen.“ (Arthur McEwen)

Um den Impakt, den eine Nachricht auf das Publikum hat, testen zu können, finde heraus, ob die Nachricht diese Eigentümlichkeiten besitzt:

- Relevanz
- Bedeutung
- Tragödie
- Ungewöhnlichkeit
- Der Letzte, die Letzte
- Der Teuerste, die Teuerste
- Unverzüglich
- Interessant
- Umstritten
- Der Erste, die Erste
- Der Größte, die Größte
- Amüsierend
- Ironisch

Aber die erste Frage, die ein Herausgeber stellen wird, ist: „Wie wirkt das auf mein Publikum?“ und für eine lokale Redaktion bedeutet das: „Ist das lokal?“

„Die wichtigste Sache in einer Nachricht ist der Zuhörer – viele Journalisten meinen, dass das Intro einer heißen Nachricht in einem Bericht wichtiger ist als die Vorstellung und die Korrektheit der dargestellten Tatsache – und sie irren sich. “ (Simon Ellis – News Editor, BBC Essex)

Seit Jahren haben die Herausgeber den Reporter gesagt: „Berichte nicht nur über das, schreibe es auch. Ich brauche es nicht nur geschrieben, berichte darüber." (Broadcast News of Canada – Style Book)

„Wenn du es schwierig empfindest, deine Gedanken klar und einfach aufs Papier zu bringen, verwende Tricks: sage jemandem mit lauter Stimme, das was du sagen willst. Die Menschen sprechen viel klarer, als sie schreiben. Also mache das, was du schreibst möglichst ähnlich mit dem was du sagst und die Zuschaer werden dich viel besser verstehen." (Harris Watts – On Camera, BBC 1984)

„Erinnere dich immer daran, dass du mit einer Person kommunizierst. One to one bedeutet DU und ein ZUHÖRER." (Country Sound Radio Stylebook)

„Wir verwenden zu viel Jargon. Wir sind wie die Ärtze, die eine Sache dem Pazienten nicht erklären können." (Reporter – Canadian Broadcasting Corporation)

„Unsere Aufgabe ist es den jargon aufzuklären, zu dekodieren, alles klar, einfach und bündig zu machen." (BBC Bush House Newsroom Guide)

Erinnere dich daran, dass der Bildfunk keine Zeitung ist. Es ist auch keine Nachricht und kein Wort kann wiedergelesen werden, damit man es versteht.

„Die idealen Headlines und Intros müssen kurz sein – nicht länger als 20-30 Wörter; unkodiert und ohne unnötige Details; einfach und direkt; imstande sein die Aufmerksamkeit zu wecken und zu erhalten." (Andrey Boyd – Broadcast Journalism)

„Eine Nachricht muß logisch aufgebaut sein. Beginne mit dem Aufwecken der Aufmerksamkeit – etwas Neues. Dann gib der Geschichte einen Anfang, einen Inhalt und ein Ende. Du hast eine Geschichte zu erzählen." (Malcom Donwing – Australian Broadcasting Corporation)

„Im Falle einer Nachricht mußt du immer auch Zustimmung erwarten." (Voltaire)

Die Nachricht ist meistens ein Gerücht. Nichts mindert mehr die Glaubwürdigkeit eines Reporters als die Vorstellung falscher Tatsachen. Wenn etwas überprüft werden kann, dann muß das überprüft werden.

„Die Headlines verdoppeln die Wichtigkeit eines Ereignisses." (John Glasworthy)

„Das Wort *gestern* ist unbekannt, tabu im Bildfunk. Nichts klingt ungeeigneter als ein Nachrichtensender, der jede Stunde berichtet und sich zeitlich auf 24 Stunden früher bezieht. Wenn *gestern* und die *vergangene Nacht* verwendet werden müssen, ist es verpflichtend das nicht in den Anfangsätzen zu machen, sondern man muß sie irgendwo in der Geschichte eingraben." (Andrew Boyd – Broadcast Journalism)

„Wenn du auf einen Namen kommst, der schwer auszusprechen ist, dann gibt es eine einzige Goldregel: schaue dem Zuschauer durch die Kamera direkt in die Augen und sage das erste Wort, das dir im Sinn kommt." (Andrew Gardner – British Newsreader)

„Die Autorität ist kein Ton. Die Autorität ist eine Summe von Kenntnissen, die du über das Gesagte hast und fähig bist, sie überzeugend und klar anderen zu erklären." (Judith Melby – Network Producer, canadian Broadcasting Corporation)

„Wesentlich ist es, dass du dasjenige was du liest, vollständig verstehst, bevor du den Mund öffnest. Das heißt, wenn du es verstanden hast, werden es auch die Zuschauer verstehen." (John Touhey – BBC World Service Newsreader)

„Wenn live gesendet wird, stelle ich mir oft vor, dass ich mit meiner Schwester oder mit meinem Freund spreche." (BBC Today Presenter, Sue McGregor)

„Verwende keine billigen Materialien!" (UK Radio)

„Denke bevor du redest!“ (US Radio)

„Achte auf den Sinn des Wortes und der Ton wird selbst auf sich achten.“ (Lewis Caroll)

„Die Kamera ist jetzt die stärkste Waffe der Welt.“ (Documentary Film Maker – Paul Berriff)

„Das was wir wünschen sind junge Menschen, die erst jetzt in die Welt der Nachrichten eingetreten sind. Solange sie Talent zum Schreiben und Nase für Nachrichten besitzen, können wir ihnen schnell den Videoteil beibringen. Das Radio ist ein phantastischer Terrain für Training, wahrscheinlich der beste Ort um zu beginnen.“ (Sir David Nicholas – Former Editor in Chief ITN)

Kapitel XII - BIBLIOGRAPHIE

Bücher:

1. Ahlke, Karola; Hinkel, Jutta (1999): *Sprache und Stil – Ein Handbuch für Journalisten*, UVK Medien Verlag, Konstanz
2. Blaes, Ruth; Heussen, Gregor (Hg.) (1997): *ABC des Fernsehens*, UVK Medien Verlag, Konstanz
3. Faulstich, Werner (Hg.) (1995): *Grundwissen Medien*, 2 verbesserte Auflage, UTB Fink Verlag, München
4. Gavin-Krammer, Karin; Scholle, Klaus (1993): *Journalistik, Kommunikations- und Medienwissenschaften. Studienführer*, Lexika Verlag, München
5. Haller, Michael (1997): *Die Reportage – Ein Handbuch für Journalisten*, 4 Auflage, UVK Medien Verlag, Konstanz
6. Haller, Michael (1997): *Das Interview – Ein Handbuch für Journalisten*, 2 überarbeitete Auflage, UVK Medien Verlag, Konstanz
7. Haller, Michael (1999): *Recherchieren – Ein Handbuch für Journalisten*, 5 Auflage, UVK Medien Verlag, Konstanz
8. Hömberg, Walter; Renate Hackel de Latour (Hg.) (1996): *Journalismus, Medien, Kommunikation,* 1 Auflage, UVK Medien Verlag, Konstanz
9. Hruska, Verena (1995): *Die Zeitungsnachricht. Information hat Vorrang*, 2 Auflage, Zeitungsverlag, Bonn
10. Jarren, Otfried (Hg.) (1995): *Medien und Journalismus. Eine Einführung*, 2 Bände, Westdeutscher Verlag, Opladen
11. Lüger, Heinz-Helmut (1995): *Pressesprache*, 2., neu bearbeitete Auflage, Max Niemeyer Verlag, Tübingen
12. Mast, Claudia (Hg.) (1998): *ABC des Journalismus – Ein Leitfaden für die Redaktionsarbeit,* 8 überarbeitete Auflage, UVK Medien Verlag, Konstanz
13. Nowag, Werner; Schalkowski, Edmund (1998): *Kommentar und Glosse*, UVK Medien Verlag, Konstanz
14. Pürer, Heinz (Hg.) (1996): *Praktischer Journalismus in Zeitung, Radio und Fernsehen,* 2 Auflage, UVK Medien Verlag, Konstanz

15. Pürer, Heinz; Raabe, Johannes (1996): *Medien in Deutschland, Band 1- Presse*, 2 Auflage, UVK Medien Verlag, Konstanz
16. Schneider, Wolf; Raue Paul-Josef (1998): *Handbuch des Journalismus*, Rowohlt Verlag, Hamburg
17. Schult, Gerhard; Buchholz, Axel (Hg.) (1997): *Fernseh-Journalismus – Ein Handbuch für Ausbildung und Praxis*, 5 Auflage, List Verlag, München
18. Schwiesau, Dietz; Ohler, Josef (2003): *Die Nachricht in Presse, Radio, Fernsehen, Nachrichtenagenturen und Internet – Ein Handbuch für Ausbildung und Praxis,* List Verlag, München
19. Sonderhüsken, Hermann (1991): *Kleines Journalisten-Lexikon – Fachbegriffe und Berufsjargon,* 1 Auflage, UVK Medien Verlag, Konstanz
20. Wallisch, Gianluca (1995): *Journalistische Qualität – Definitionen, Modelle, Kritik,* 1 Auflage, UVK Medien Verlag, Konstanz

Artikel:

1. Deckstein, Dagmar: Ein amerikanischer Schwabe, „Süddeutsche Zeitung“, 07.09.2004
2. Kniebe, Tobias: Im Reich des Phantastischen, „Süddeutsche Zeitung“, 17.12.2003
3. Matzig, Gerhard: Pierce Brosnan – der Nullermann ohne Eigenschaft, „Süddeutsche Zeitung“, 28.11.2002
4. Oswald, Bern: Rezension „Hitlers letzte Zeuge“, „Süddeutsche Zeitung“, 30.11.2004
5. Prantl, Heribert: Angela Bangbüx, „Süddeutsche Zeitung“, 05.08.2005
6. Simon, Violetta: Briefe und Lehrer vermisst, „Süddeutsche Zeitung“, 16.12.2004
7. Strittmatter, Kai: Eine Muschel als letzte Hoffnung, „Süddeutsche Zeitung“, 28.12.2004
8. Temsch-Lutz, Birgit: Plätzchen statt Kätzchen, „Süddeutsche Zeitung“, 11.03.2005
9. Zaschke, Christian: Der unheimliche Googleator, „Süddeutsche Zeitung“, 22.09.2003

Literatur im elektronischen Format:

www.deutschewelle.de (06.08.2005)

www.filmrezension.de (16.09.2004)

www.stern.de (06.12.2004)

www.sueddeutsche.de (Artikel: 27.01.2005; 23.03.2005; 06.08.2005)

www.wienerzeitung.de (28.06.2002)